JN040059

筋トレ系YouTuberコンビ
まめたま

おはよう、新しい朝、新しい僕、新しい筋肉。

KADOKAWA

…よし
書けたぞ
辞表
はあ…
カパ
プシュ
…本当に
いいのかな
いや
いやっ
これでいいんだ
これで…！
ぐびっ
芋岡 太郎
（学生時代からの
あだ名はポテチ）
三十歳
彼女いない歴＝年齢
仕事は
ＩＴエンジニア
は〜…
さきイカ
学生時代から
モテなかった僕は
なんとなく美人女優と
結婚できるイメージのある
ＩＴ実業家を
志して就職を決める
女優
●● 結婚!!
相手は
IT社長
これだ!!

しかし現実は厳しい!!
今日も終電コースじゃ～ い
ギリギリの納期
終わらない修正
上司からのプレッシャー
来月で辞めます
えっ
常に人材不足ッ!!
あっ思い出しただけで胃が…
ストレスで深夜に暴飲暴食し気づけば激太り…
BMI 30オーバー
芋岡さんって見た目だけは「係長」って感じ(笑)
それな(笑)
ヒソ ヒソ
スン…
若手から影でこう呼ばれる始末だ
そして今日ー僕はついに退職して自分探しの旅に出ることに決めた!!
やってられっかこんちきしょー!!
ドンッ
まずは日本一周…自転車で
あっ いっそインドとか行っちゃうかぁ～!?
※酔ってる

ズン♪
ズン♪
ズン♪
ん？
何か机から聞こえる…？
辞表
お困りのようですね
びくっ
はじめまして！
ムキッ
だ…誰!?
ジャーーーンッッ
まめです
たまッス！
そしてこいつが相棒のポム・デ・トール
…ッス
みっち
みっち
てか部屋狭っっ
情報量が多い

僕たちは、あなたのような人生の壁に直面している迷える方々を救う旅をしているんですよ
ズーンッ
ニコ
ニコ
たじ…
す…救うって
いったいどうやって……
※通常ならうさんくさいと思うが今はメンタルが弱っているので素直に聞く
そんなの決まってるじゃないスか！
この「筋肉」です!!
ムキーーッ
さぁ！ポテチさんも一緒に
えぇ～!?…

CONTENTS

第3章
100万円の腕時計なんて不要 筋肉こそ最強のモテアイテム

CONTENTS

第6章 『なりたい自分』になりたければ『もうワンレップ』

漫画・イラスト　百田ちなこ
装丁デザイン　五藤友紀（ブックウォール）
本文デザイン　松岡羽（ハネデザイン）
編集協力　戸田美紀（エクセルライティング）
校正　西岡亜希子
編集　五十嵐恭平

第1章

自己啓発書は捨てろ 筋トレが僕らの人生を変えた

大抵の人生の悩みは、筋トレで解決する！

突然ですが**あなたは今、何か悩みや不安がありますか？**

会社のこと、恋愛のこと、人間関係のこと、お金に対する不安など、悩みの数は人の数だけあります。誰もが大なり小なり何かを抱えて生きていると思います。

大きな悩みや深刻な不安はないけれど、**今の自分に満足できていない**、自分の将来が決まってしまった気がしてモヤモヤしている……僕たち（まめたま）2人も、そんな時期がありました。

友達や上司に相談しても、「人生ってそんなもの」「割り切って今を楽しめばいいのに」「いい加減現実を見ろ」などと言われたりして、落ち込んだこともありました。すんなり割り切れるなら、とっくにそうしているし、それができたらどれだけラクなことか！

第1章では、**「人生の悩みのほとんどが筋トレによって解決できる」**ということを皆さんにお伝えしていきたいと思います！

自分の抱えている「悩み」「不安」を直視してみよう

僕たちも、それぞれに何かしらの葛藤を抱え、悩みや不安に振り回されながら生きてきました。

例えば、まめの場合。無事に大学を卒業し、新社会人として働き始めてすぐのころ、自分の生き方に疑問を感じるようになりました。「俺の将来、本当にこのままでいいのか？」そんな思いがふつふつと湧いてきたのです。

ぼんやりと理想とする夢や目標があるのに、その気持ちを無視してこのまま平凡な人生を過ごすのだろうか？　ふと思い浮かんだ疑問は徐々に大きくなり、やがて憤りのようなものに変わっていきました。

大学を卒業し、会社員になり、家族を作って家族のために働き、そして人生を終

える。これは、多くの人が望む「幸せな生き方」であり、幸せの王道でしょう。しかし僕はせっかく就職して、**幸せの王道のスタートラインに立てたのに、「そうじゃない感」を強く感じてしまった**のです。

誤解してほしくないのですが、「普通の人生」を否定しているわけではありません。「普通」「平凡」、実はこれらのハードルが高いことはよくわかっています。でも、いくらそこに幸せを探しても、「自分の求めるもの」がなかったら？　自分の中にある漠然とした不安と違和感を無視することができませんでした。

ほとんどの人は年齢を重ねるうちに社会と足並みを揃え、子供のころに思い描いていた夢を忘れ、「現実」を見始めます。

ですが、僕は小学生のころに父の影響で、矢沢永吉さんの「成りあがり」を見た時から「いつか自分も成功したい！」「やりたいことをやって、自分を心から誇りに思える人生にしたい！」そう強く思っていました。そして大人になってもなお、理想の自分になる夢は、どうしても諦められませんでした。

何かを頑張りたいけど、何を頑張ったらいいかわからない

たまの場合、活動の根源となるのが「楽しい」という思いです。現状よりも楽しいことが他にあるのでは？と常に考えるので、「今」に満足することがありませんでした。

社会人になったころには、「もっとモテたい！」「仕事ももっと成功したら楽しいはず」「お金を稼いでもっとギラギラした生活を送ることができたら、もっともっと楽しいはず！」。そう思って仕事をメチャクチャ頑張りました。

営業職に就いていたので、社内でトップの営業成績をとることを目指しました。トップになったら、給料はもっと増え、生活はもっとギラギラすると思ったのです。もちろん一筋縄ではいきませんでした。自分よりもはるかに経験豊富な社長に営業をする仕事だったので、最初は相手にもされませんでした。しかし、自分にできることが何かを自問自答し続け、試行錯誤しながら頑張り、とうとうトップの成績をとりました。

ですが、**何も変わらなかった**のです。

給与が大きく増えたり、生活がランクアップしたりすることもありませんでした。会社員ですから、トップの成績をとっても現実はそこまで変わらないのは当然かもしれません。だけど、気持ちは納得できませんでした。

あれだけ頑張ったのだから、もっと認められたい。あれだけ頑張って何も変わらないなら、何をどう頑張れば良いのか？

この時に、仕事に対する楽しさを見失ってしまったのと同時に、自分の未来も色褪せてしまったように感じてしまいました。

思えば、このころからエネルギーが有り余っていたのかもしれません。

たった1度の人生、自分が心から楽しいと思うことに時間を使いたい。夢中になって何かに打ち込み、本気で頑張り続ける人生を送りたい！　どこかでその湧き出た気持ちに蓋をすることができない自分がいました。

充実感のない毎日に対する不安から、人生の次の扉を開くために

例えば、「英語をマスターするために留学をしたい」「経営を学び、起業をしたい」と考えていても、そこから行動に移すのは大変でしょう。

何かをしたほうがいいとは思っていても、結局友達と飲みに行ってしまったり、ゲームに熱中したりして、一日が終わってしまう。誰でもそんなことがあるのではないでしょうか。もちろん、これはこれで楽しいです。友達と飲みに行ったり、遊んだりする時間は、一時的に不安な気持ちを忘れることができます。

しかし僕たちの場合は、そんな時間を過ごすことでは、心に抱えたモヤモヤを根本的に消し去ることはできませんでした。それなりに楽しいはずが、常にどこか空虚で充実感のない毎日がただ過ぎていく。その結果さらに、将来に対する不安だけがますます強くなってしまうという、ちょっとした悪循環に陥っていたように感じます。

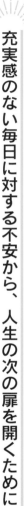

20代から30代は、自分の人生に対して「意味」を問い、人生設計を真剣に考える時期です。

自分が理想とする人生とは何か、その理想を実現するにはどうすればいいのか。そんなことをリアルに考え、自問自答しながら何かを探し始める人が多いはずです。

結婚や出産など人生のライフスタイルが確立していく時期だからこそ、10代までの自分探しとは少し異なる真剣さで、人生や自分自身のことを嫌でも考えさせられます。

だからこそ、「自分は本当にこのままでいいのか？」という漠然とした不安が湧き上がるのではと思っています。

そんな時期を過ぎて、今になり思うことは、**自分の抱えている悩みや不安から抜け出すには、その感情に蓋をせず、真正面から向き合うこと**です。

そして、**悩む自分を否定せず受け入れること**で、ようやく次のステップに進むドアが開くように思います。

僕たちは、性格がまったく異なる2人です。

人生に対する価値観や考え方、事象に対する受け止め方も、面白いくらいに違います。行動の原動力となることだって、まったく違います。ですが、2人には共通点がありました。

それは、**現状に満足できないジレンマを抱えながらも、「後悔のない人生を送りたい！」と願い続けたこと**です。

この本を読んでいるあなたに、僕たちはあえて質問します。

「あなたは本当に、今のままでいいですか？」

もし、あなたの心の中で湧き上がる気持ちや感情があったら、それこそが人生を変えるカギになるかもしれません。本書は、そんなモヤモヤしていた当時の自分に「きっかけ」を与えるような気持ちで書き上げました。最後まで読み終えた後、あなたの人生に何か少しでもいい影響を与えられたら嬉しいです。

人生の悩みの9割は筋トレで解決できる

「人生の悩みの9割は、筋トレで解決できます！」

僕らがそう断言したら、あなたはどう思うでしょうか。

「そんなわけないじゃん！」と、笑う人もいるかもしれませんね。ですが、本当に解決できるのです。僕たちは真剣に、そう考えています。

当たり前ですが、悩みというのは人それぞれ異なります。10代なら10代の、20代なら20代のそれぞれ抱える悩みもあるだろうし、年代を問わず共通した悩みもあるでしょう。その中でも、多くの人が抱える大きな悩みとしては、以下のことがあるのではないでしょうか。

・仕事
・人間関係
・異性（恋愛）
・自己実現
・コミュニケーション
・健康

このような悩みというのは、一生尽きないかもしれないですね。それぐらい人間にとって生きていく上で避けることのできない根深い悩みだと思います。

かつての僕らもこれらの悩みに苦しみ、もがいてきました。

ですが、もしこれらの悩みが〝9割解決できてしまう魔法の対処法〟があったとしたらどうですか？　めちゃくちゃ魅力的に思えませんか？

その魔法の対処法が「筋トレ」なんです。

筋トレにより、僕らの人生や生活は大きく変わりました。

「そんな大げさな！」「筋トレが人生を変えるはずがない」。そう考える人もいるかもしれませんね。

しかし筋トレは、直接的、もしくは間接的に人を変える力を持ちます。もちろん、良い方向に！

わかりやすいところだと筋トレは、まず体を変えてくれます。

男性だと、筋肉がついて体が大きくなると、それが自信に変わる人がとても多いです。**人間は本能的に、自分より体の大きな人に対して、横柄な態度をとることはしません。**

極端な話、もし誰かに絡まれたとしても、「僕には筋肉があるし大丈夫だろう！」と思えるのです。子供じみていると言われればそうかもしれませんが、そういう小さな自信を持てるだけでも、今より新しい自分になれると思いませんか？

また、それは**女性も同じ**です。女性の場合は、筋トレにより体が引き締まり、スタイルが良くなります。体が変わり始めると、自信が生まれ、表情やファッションも変わる人が多いのではないでしょうか。

筋トレをして体が変わると、確実に自信がつきます。それは性別や年齢はまったく関係ありません。

体が変わったことに対する自信はもちろんのこと、**〝自ら努力をして体を変えた〟という事実が何より自分にとって強い信頼につながるのです。**自分のことを「頑張ればできる人間」と心から思えますし、生まれ変わったような気持ちになるはずです。

そうなると、次第に見える景色が変わり始め、筋トレをする前の自分とは見違えるような別人になっていると感じるでしょう！

悩みやストレスもサイズダウン

さらに、筋トレはストレス解消にも一役買います。

筋トレは、体感的にキツいことがほとんど。そのため、筋トレしている時の意識は100％筋肉に向かいます。

真剣に筋トレをしながら、頭で別のことを考えることは、おそらく誰もできません。ということは、その間、悩みやストレスから意識は解放されることになります。つまり、筋トレをしていると、自然と脳や心が休まるのです。

体を休めることが大切なように、脳や心を休めることも大切です。しかし、人は自分の意識をコントロールすることができません。**考えたくなくても考えてしまうことは、誰もが経験したことがあるでしょう。**

また、現代人は四六時中ＳＮＳを気にしています。デジタルデトックスの必要性を感じながらも、スマホが手放せず、その葛藤を抱える人も多いはず。そんな悩みも、筋トレが解決してくれます。筋トレをしている間はスマホをいじる余裕もありませんから、その間は強制的にデジタルデトックスができます。つまり筋トレは、体を鍛えながら脳と心を休めることができるのです。

筋トレをすると以前より悩みやストレスが小さくなったようにも感じます。悩みやストレス自体は何も変わらなかったとしても、思っていたほど深刻ではないように感じるのです。おそらく、筋トレで頭と心がクールダウンするのでしょう。

人は知らず知らずのうちに、**悩みやストレスを肥大化させるもの。悩みや不安でしんどくなったら、一度騙されたと思って筋トレをしてみてください。**

自己管理能力や継続力もUP!

筋トレをすることで得られるメリットとして自己管理能力と継続力というのがあります。

まず筋肉をつけるためには筋トレを継続しなければいけません。たった1日、2

日で筋肉はつかないのでコツコツと続けていく必要があります。詳しくは他の章でも話しますが、タンパク質は何g摂ってとか、睡眠時間はどれぐらいでなど筋トレ以外の自己管理が筋肉をつける上で重要になってきます。

そして**仕事で成果を出すためには自己管理能力や継続力といった力は非常に重要なので、筋トレをした結果、仕事でも成功するといった一石二鳥以上のことが起こります。**

また、**異性とのコミュニケーションに関する悩みも、大概のものは筋トレが解決してくれます。**筋トレをするようになってから、女性のほうから「筋肉を触らせてください」と言われ、そこからコミュニケーションが一気に増えました。

また、ダイエットや筋トレに興味を持つ女性は多いので、僕たちの持っている情報や経験を話すと喜んでもらえます。女性と話す機会は確実に増えましたし、機会が増えたことで、コミュニケーション能力も格段にレベルアップしました。

筋トレは、コミュニケーション力さえも向上させてくれる。僕らはそう確信しています。

筋トレが与える効能は肉体面だけではない

筋トレをすると体が変わり、自信がつくとお伝えしましたが、筋トレが与える効果は肉体面だけではありません。

運動や筋トレをすると、気持ちが高まることはありませんか？

実はこれはトレーニングにより分泌された脳内ホルモンの影響だということがわかっています。

筋トレをすると分泌されるのが、「セロトニン」や「ドーパミン」など。それぞれ精神を安定させたり、幸せを感じたりという効果があります。

それぞれのホルモンの役割を簡単に紹介しましょう。

筋トレをすることで分泌される、さまざまなホルモン

▼セロトニン（serotonin）

脳内の神経伝達物質の一つ。他の神経伝達物質である「ドーパミン（喜び、快楽など）」や「ノルアドレナリン（恐怖、驚きなど）」などの情報をコントロールし、精神を安定させる働きがある。「セロトニン」が低下すると、攻撃性が高まったり、不安やうつ、パニック症（パニック障害）などの精神症状を引き起こしたりすると言われている。

▼ドーパミン（dopamine）

神経伝達物質の一つで、快く感じる原因となる脳内報酬系の活性化において、中心的な役割を果たしている。「ドーパミン」は強い興奮を感じた場合も大量に分泌されるため、脳内麻薬とも言われている。

「セロトニン」や「ドーパミン」が減少すると、精神的に不安定になり、ちょっとしたことでイライラしやすくなると言われています。また、不安定になることで社会性の低下という問題を招く恐れもあります。

しかし筋トレを継続させることで、**二つの脳内ホルモンが分泌され、精神的負荷の軽減につながる**ことを証明する論文は多数発表されています。

つまり、筋トレによる脳内ホルモン分泌と、それにより得られる効果については、科学的な証明がされているということです。

筋トレにより分泌される脳内ホルモンはまだあります。それが「β－エンドルフィン」です。気分が高まり、幸福感を得る作用があるとされているのですが、筋トレを継続することで、達成感を得て、なおかつ自尊心を高めることにつながります。

▼ベータ・エンドルフィン（β-endorphin）

脳内で働く神経伝達物質「エンドルフィン」の一つで、モルヒネと同じような作用をする物質。「エンドルフィン」にはアルファ（α）、ベータ（β）、ガンマ（γ）の三つがあり、「β－エンドルフィン」はその中でも苦痛を取り除く時に最も多く分泌される。マラソンなどで苦しい状態が一定時間以上続くと、脳内でそのストレスを軽減するために「β－エンドルフィン」が分泌され、やがて快感や陶酔感を覚える「ランナーズ・ハイ」と呼ばれる現象が知られている。

脳内ホルモンを上手く分泌させるには、少し息があがるくらいの有酸素運動と、筋トレを組み合わせると良いと言われています。

また筋トレや運動をすることで、体が適度に疲労しますが、その疲労は睡眠の質を上げることにもつながります。睡眠の質が上がれば、それだけ心身もしっかりと回復しますから、筋トレは生活の質自体もアップさせる効果があるということです。

何をするにおいても、「やる気」「意欲」が大切ですが、これを意志の力だけで持ち続けるのは無理があります。人間は誰しも環境や状況の変化による影響を受けながら生きるもの。意志の力だけで、やる気を維持させるのは難しいのです。

だからこそ、**筋トレを生活に取り入れてみてください。**

筋トレをすれば、脳内ホルモンが分泌されます。筋トレにより体が整うだけでなく、幸せ度が上がり精神的な安定とやる気や意欲が上がるのなら、こんな有意義なことはありませんよね。

また筋トレはケガの予防にもなりますから、一石二鳥どころではありません。筋トレが、体や心の健康や、人生の幸福度にもたらす効果はかなり高いということがわかっていただけたのではないでしょうか。

なりたい自分をイメージしてみよう

僕たちがYouTubeでもよく伝えていることで、筋トレをする際にぜひやってほしいことが、**「なりたい自分を具体的にイメージする」**ということ。できれば、書き出すなどして可視化できるようにしておくともっといいですね。

僕たちが「イメージを書き出すこと」を勧めるのには理由があります。それは、筋トレを続ける中で、必ずと言っていいほど「なぜ筋トレをしているのだろう？」と疑問に思う時期が来るからです。それは仕事で忙しい中、特にこれといった目標がなくきついトレーニングをし続けていると「なぜ・なんのためにこんなに頑張っているんだ…？」と思い始めます。

なぜ筋トレをしているのか、なぜ筋肉を大きくしたいのか、これらを最初の時点

で明確に言語化しておくと、後々迷うことは少なくなるはずです。

きっかけは何でもOK！ 少しずつ目標の解像度を上げていこう

僕たちの場合、筋トレを始めたのは「モテたい」「カッコよくなりたい」という、実に単純な理由でした。しかし、今でこそ、僕たちは筋トレだけでなく美容やファッションを意識し、自分磨きをしていますが、最初からそうだったわけではありません。

そもそも、モテたいと思って筋トレをするくらいですから、これからカッコよくなりたいと思っていた側。周りから認められ、モテるには筋肉があるほうがいいよねという漠然としたイメージがあって、筋トレを始めたわけです。

筋トレが継続できるようになってからは、2人とも明確に「なりたい自分」をイメージするようになりました。

例えば、まめはもともと細身でガリガリの体型でした。スーツを着ると、スーツに着られている感が出てしまい、脱げば骨が浮き出ているほど痩せていました。ですが、筋トレを続けて上半身に筋肉がつくと、**スーツの着こなしが決まってくるようになりました。**

たまも筋肉がしっかりつくと、やはりスーツを着こなせるようになりました。たまの場合、会社員時代のクライアントは、50~60代の経営者の方が多かったのですが、その経営者の方々から、**「あなたはすごく仕事ができる人に見える」と言われるようになりました。**

筋肉がつくと、間違いなく洋服をカッコよく着こなせるようになります。とくにスーツは、ビシッと決まります。その効果で自信があるように見え、周りから信頼してもらえることが増えたのかもしれません。

もし、僕たちのように「カッコよくなりたい」と思って筋トレを始めるなら、具体的にどんなカッコよさがいいのか、どんな自分に見られたいのか、そのゴールを先に決めておくことが大切です。なりたい自分を明確にイメージできたら、あとはそこにたどり着くようにトレーニングをするだけ。有名人をお手本にするのもいいですし、着てみたい服装を見つけておくのもいいでしょう。

また、たどり着きたいゴールを可視化しておけば、挫折しそうになった時にそれを見てモチベーションを回復させることもできますから、ぜひ取り入れていただきたい方法です。

「ブレない目標」がモチベーションにつながる

僕たちはオンラインでダイエットサポートなどのサービスを提供していますが、結果を出すのが早い人は、やはり目的が明確です。ダイエットをしたいと望む背景には、ただ痩せたいというだけでなく、成し遂げたい「何か」があることがほとんど。それを明確にイメージできれば、ブレることも少ないと感じます。

筋トレを始めるきっかけや思いは、何だって〇Ｋ。**あのブランドの服を着こなし**

たい、自分を変えたい、体調を整えたい、自信を持ちたい、そのすべてに価値がありま す。だからこそ、いつでも思い出せるよう、しっかりと言語化して可視化しておくことをおすすめします。

第1章に書いたことは、すべて僕たち2人に実際に起こったことです。

僕たちは筋トレで人生が変わりました。

あなたにも、筋トレの絶大な効果が伝わったでしょうか。また、どんな自分になりたいかが明確にイメージでき、それを可視化できましたか?

それができたら、次はメンタル不調と筋トレの関係について、ぜひ知ってください。生きていく上で避けられないメンタルコントロールですが、実はそれにも筋トレが良い効果をもたらします。

すでに、さまざまな研究により科学的にも証明されています。次章でじっくりと説明しますので、ぜひ読み進めていただけると嬉しいです。

第2章

メンタル不調は大胸筋の谷間でひねりつぶす

トレーニングジム
……ぶっちゃけ僕なんかが筋トレしたくらいじゃダメなんですよ
学生時代から勉強も運動も苦手だし仕事もミス連発で怒られてばっかだし
同期はどんどん出世するし…
それにモテないし
ボソ
ボソ
もっと根本的な解決が必要なんですよ……
小学生からやり直すとか
ズーン
どうせ俺なんて…
まさにそれです!
え?
筋トレをするとネガティブな気持ちなんて吹き飛ぶっス!
キラ
キラ
さわやか〜っ
フッ…
?

疑いの目
スチャ
眉唾ですねぇ…
僕は科学的ではない情報には惑わされないタイプなんです
ハァーーン
ううっ
科学的……スか
筋トレをすると具体的にどう変わるかというと
ほっ…
心を安定させて気持ちを穏やかにする「セロトニン」という物質と
セ
多幸感をもたらす「ドーパミン」という物質が分泌されることでメンタル不調を解決してくれるんです
ド
次の章では筋トレでメンタル不調を解決する方法を解説していきますね♪

人生の悩みはメンタルの不調から

第2章では、筋トレを続けることによって体が変わることはもちろん、**メンタルにも大きな影響を及ぼす**ことをお伝えします。

「お金の不安」「仕事のストレス」「恋愛の悩み」。「今」を一生懸命生きる皆さんは、きっとたくさんの心配事を抱えていると思います。

時には重圧に押しつぶされそうになって、暴飲暴食に走ったり、海で叫んでみたり、自分探しの旅に出てみたり、中には何もかも嫌になって、やけくそな行動を起こしてしまう人も――。

メンタル不調は誰にでも起こります。でも、それらの**不安や悩みのほとんどが「筋トレ」で解決できる**のです！

この章では、筋トレはカラダの悩みを解決するだけではなく、メンタルも絶好調に高める効果があることを解説していきます。

メンタル不調の9割は筋トレで解決できる！

ストレス発散とか、悩みや不安から意識をそらすという意味では、さまざまな方法があります。

例えば友達と飲みに行く、好きな音楽をかけてドライブをする、映画を観るのもいいですよね。それらをする時間はストレスやモヤモヤからは解放されますし、鬱々とした気分は解消するかもしれません。

僕たちも、そうやってストレス発散やモヤモヤから抜け出ようとしてきました。

でも気づいたのです。

これらの方法でストレスは確かに解消されたり解放されたりしますが、それは「一時的」なものであることに。

筋トレは心のバランスを取り戻す時間

僕たちは筋トレをしたくて始めましたが、筋トレを続けることでストレス解消だけでなく、**思ってもいない付加価値が得られる**ことに気づきました。

例えば、たまの場合。社会人になってすぐのころに失恋をしました。基本的にポジティブな人間ですが、この時はさすがに落ち込んで、ご飯を食べていても動画を見ていても、気がつけば失恋したことを考えてしまっていました。

これは意識的にそうしているのではなく、失恋したことに意識が引っ張られるという感じでしょうか。頭は常にボーっとして、心ここに在らずで、気がついたら彼女のことをぼんやり考えています。

考えたくないのにそうなるのですから、メンタルを自分でコントロールするのがいかに難しいか、この時に思い知りました。

さすがに、この状態から抜け出したいと思い、ジムに行って筋トレをすることに。**筋トレをしている間は失恋のことを忘れられると思った**のです。

失恋のことを考えなくていい時間が欲しいというのもありました。すると筋トレが終わった後に、不思議と心のモヤモヤが軽くなったように感じたのです。筋トレを繰り返すうちに、気持ちや感情が整理されたのか、失恋に意識が引っ張られることは少しずつなくなっていきました。

振り返ると、**定期的に筋トレの時間をとったことで、心に過度な負荷をかけることなく、少しずつ心のバランスを取り戻すことができた**のだと思います。そうなれたのは、筋トレで脳の休み時間を設けたから。そして、体の変化を体感できたことも良かったと思います。

この経験を経て、仕事などで落ち込んだり不安を抱えたら、常に筋トレをするようになりました。つまり、**「不安定になりそうな自分を確実にコントロールする方法」を知ることができた**のです。これは筋トレをすることで得た付加価値です。

「自信がつく」という成功体験

筋トレで得られる付加価値は他にもあると思いますが、第1章でもお伝えした「自分に自信を持てるようになる」ことについて、もう少し触れておきましょう。

自分に自信をつけることは、そんな簡単なことではないと感じる人も多いかもしれません。

かつての僕たちも、そう思っていました。何をすれば自信がつくのか、それを具体的に語れる人なんているのか？　そう考えていました。

しかし元々コンプレックスだらけで自分に自信がなかった僕らが、自信をつけるための一つの結論が出ました。それは**「小さな成功体験を積み重ねていくこと」**です。

たった1回でもそれは成功体験

筋トレを継続することは、小さな成功体験を積み重ねていくこと。例えば、昨日のトレーニングでは腹筋が10回しかできなかったのに、今日は11回にチャレンジして成功したとします。これはつまり**「昨日の自分より成長」**していますよね。

たった1回と思うかもしれませんが、これは非常に大きな1回です。もう腹筋が辛いから止めたいという気持ちに打ち勝っての〝1回〟ですから、自らの意志で一歩前進したということになります。

筋トレの良いところは、**小さな成功体験を獲得するポイントがたくさんあること**です。それを積み重ねていくと、いつの間にか「確固たるゆるぎない自信」が身につき、最終的には大きな成功体験につながります。

僕たちの経験からの話になりますが、**メンタル不調の根本は、自分に対して自信がないことに起因することが多い**と感じています。ということは、自信を持つことさえできれば、解決できることが増えると思いませんか？

筋トレをすると、体が変わります。ダンベルなどの器具を使って筋トレをしていたら、扱える重量が上がるごとに、力の付き具合を数字で確認することができます。いわば、**変化する自分を体感するだけでなく、〝目に見える数字でも〟成長を確認できる**わけです。その過程を経ると、おそらく誰でも「自己肯定感が上がり自信がつく」と思いませんか？

また、**その自信は自分自身の経験から裏打ちされたもの。そのため、ちょっとやそっとのことでは揺らぎません。**努力して身についた自信というのは、強いです。誰かに褒められた自信とは違い、自分自身で作り上げて得たものなので揺らぎない自信です。

道具も場所も不要！　気軽に不調を改善できる

また、気軽にできるというのも筋トレの良いところでしょう。球技や水泳などは、道具やプレイするための環境が必要になります。チームスポーツだと、人を集めるか、どこかのチームに所属しなければなりません。

しかし、**筋トレは、道具や場所を選びません。自宅で思いついたら、その場ですぐに取り組めます。**

ジムに行くことができなければ、ＹｏｕＴｕｂｅで公開されている筋トレや腹筋の動画を見ながら宅トレをするという方法もあります。

筋トレをやりたいと思ったら、いつでもどこでもスタートできます。

最初は１日腹筋10回とか、10秒だけスクワットという感じでいいでしょう。それを定期的に継続すれば、確実に筋トレが習慣になり、自然と回数や分数も増え、気がついたら体が変わっています。筋トレで運動不足やメンタルを改善し、さらに自信を持って生活する自分になりましょう。

日本人の働き手の2人に1人が、メンタル不調に悩まされている現実

メンタルが弱ると、眠れない人が増えます。不眠症で悩む人も多いと聞きますから、大きな社会問題と言えるかもしれませんね。

厚生労働省が公表している統計調査や白書によると、仕事や職業生活に対して強い不安、悩み、ストレスを感じている労働者は54・2％（2020年時点）。**日本で働く人の約2人に1人が、メンタル不調に悩まされているということになります。**

これらのデータは社会人対象ですが、年代や性別問わず、おそらく誰もが将来に対する漠然とした不安を抱えて生きているはずです。差し迫った大きな不安や心配事はなくても、将来のこと、お金のこと、老後のことなど、不安の種はあちこちに

あります。

しかし、不安を解消する明確な方法は、なかなかありません。そう考えると、不安から完全に逃れて生きるというのは難しいのかもしれません。きっとこれは、今も昔も変わらないのではないでしょうか。

「学校を卒業したらとりあえず社会人」張り合いのない毎日

高校や大学を卒業したら、ほとんどの人が会社に就職し、社会人として働き始めます。ですが、会社に入って何をやりたいか、明確な目標を持っている人は少ないのではないでしょうか。

とりあえず就職する、とりあえず社会人になる、一般的にいいと言われている会社だからとりあえずこの会社にする、そんな感じで就職活動に励んでいる人が圧倒的に多いと思います。

実は僕（まめ）も、特にやりたいことが見つからずそんな感じで就職した1人。

だからか、**1年も経たないうちに日常がルーティン化、退屈で仕方ないという状況に陥ってしまいました。**その会社で何がやりたいのか、何を得たいのか、どのように貢献したいのかが明確でないと、当時の僕のように仕事が楽しくなくなってしまいます。

社会人になって以降、人生の大半の時間は仕事に費やします。だからこそ、お金を稼ぐこと以外に**「自分は何がしたくて、そのためにどんな仕事をするのか」**を明確にすることが大事だと思います。

目的を持って毎日を過ごすことで、生活にハリが出て、不安や悩みも少なくなるはずです。

「何者かになりたいという意志」と「筋トレ」が人生を変える

日本は「和」や「調和」を重んじる教育をする国です。しかし社会に出ると、途端に「個性」を発揮するよう促されますから、そのギャップに悩む人もいるのではないでしょうか。

そんな違和感は、知らないうちに心に積もっていくものです。自分ではわからないレベルでも、無意識に感じている「楽しくない」「退屈」という感情の積み重ねで精神的に不安定になり、しんどくなってしまう人が多いように感じます。

かつての僕たちも漠然とした不安を抱え、将来のことを思い悩んでいました。同じ毎日が退屈で、何かをしたい、何者かになりたい、そんなことを常に考えていました。

そこから抜け出ることができたのは、やっぱり筋トレに出会ったから。体が変わる楽しさ、目に見える成長、継続することができた自分への信頼などが積み重なり、いつの間にかそれは自己肯定感を上げることにつながったのです。

この本を読んでくれているあなたや、僕たちのＹｏｕＴｕｂｅを見てくれている人たちの中に、「自分を変えたい」「同じ毎日に耐えられない」「毎日退屈で苦痛だ」と思っている人がいたら、いきなり大きく生活を変えるのではなく、筋トレという気軽にすぐできることを始めてみてはどうでしょうか。

1日数分、数回の筋トレを継続することが、思いもよらない結果をもたらしてくれるかもしれません。**クヨクヨ考えてしまう自分が嫌な人も、とりあえず筋トレをしてみましょう。**腹筋10回、スクワット10回でOKです。まずは筋トレをやってみて、それで合わないと思ったら、違う新しい何かを探せばいいでしょう。

ここで、僕たちがサポートをしている人の事例を紹介します。

▼Mさん　東京都在住　職業：教師

【筋トレを始めた理由】

私は小学校の教師をしていましたが、自分に自信がありませんでした。それゆえに、生徒たちの前で堂々とできず、モヤモヤしている自分のことが心底嫌いでした。

何かを変えようと思うけれど、これまで何をしても継続できず、続かない自分に対してイライラする。そんな悪循環な状態でした。そのため、自分に対しての信頼や自信が皆無の状態だったのです。

ある日、前からＹｏｕＴｕｂｅで見ていたまめたまさんがオンラインで食事指導の募集をしていました。そして、その募集を見た僕は「筋トレをして体が変わったら、もしかしたら何か変わるかもしれない。自信を持つことができるかもしれない」、単純かもしれませんが、そう思いました。

すがるような気持ちで、まめたまさんにオンラインでのパーソナル指導をお願いすることを決め、不安な気持ちを抱えたまま、プログラムがスタートしました。

そして、3か月後。私はこの期間で体重10キロ減を達成し、余分な脂肪は見事になくなりました。そして、お腹はもちろん、体自体が見違えるように変わったのです。

この成功体験は私にとって、とても意味がありました。筋トレを継続できたこと、体が見違えるように変化したこと、そしてダイエットに成功したことで、自分に自信が持てるようになったのです。

「変化を実感できる」楽しさがあるから続けられる

Mさんは本当に真摯に自分と向き合い、プログラムに取り組んでいました。最初は慣れない筋トレや生活習慣を変えるのに辛かった時期があったかもしれません。

しかし、それを乗り越え体の変化を手に入れられた今、毎日イキイキと過ごせているようです。小さな成功体験の積み重ねは、自分自身や毎日をどんどん変化させる力があるのです。

筋トレは想像以上にすごい効果があります。**不安や悩みを抱えていても、筋トレをすることで、不思議と悩みが小さく感じます。**それは運動したことによるストレス発散に加え、努力すること自体が自己肯定感を上げ、自信がついていくのです。

あなたもぜひ、自分に自信をつけたいと思った時には、筋トレに挑戦してください！

筋トレを習慣化することで「健康維持の三要素」を満たせる

僕たちに限らず、誰もが健康に毎日を過ごしたいと思っているはず。そのためには、**健康維持の三要素（食事・睡眠・運動）のバランスが取れていることが大切**です。この三つは関連し合って成り立っているため、どれか一つだけを整えればいいというわけではありません。

バランスの良い食事をして、睡眠を確保し、適度な運動を日常に取り入れたら健康になりますが、実際にそのすべてをできている人は少ないのではないでしょうか。できる人が少ないのは、やり方がわからないことと、そのメリットが具体的に理解できないからかもしれませんね。それに、「健康的な生活」に変えるのは、意外とストレスに感じて根付きにくいというのもあります。

「習慣化」すること！　メンタル不調を抜群に改善できる

しかし筋トレを習慣化させることができれば、この「健康維持の三要素」を同時に満たせることを知っていますか？

最初にやることは、たった一つ。それは**「筋トレを生活に取り入れて、習慣化する」**ことです。つまり、筋トレをするだけで、間違いなく健康になれるのです。

「健康維持の三要素」のうち、運動は筋トレを取り入れることで整います。ジムに行かずとも、宅トレの動画などを参考に自宅で楽しむのもいいですし、パーソナルトレーニングなどで専門家にサポートしてもらうのもいいでしょう。

筋トレの良いところは、最初に道具や環境を用意しなくていいところ。思い立った時にやればいいので、時間帯を選びません。

筋トレで体を動かすと、当然ですが汗をかきます。運動などで健康的に汗をかくことには、次のようなメリットがあります

・汗をかくことで代謝が高まり、血行が促進する
・老廃物の排せつがスムーズになる
・皮脂の分泌が盛んになり、肌の乾燥を防いでくれる

つまり運動をして良い汗をかくことができれば、疲れにくく、疲れがたまりにくい体になるという好サイクルが生まれるということ！　運動をしたら便秘が解消された、肌状態が良くなった、冷えが解消されたというのは、きっと聞いたことがある人も多いのではないでしょうか。

「筋トレ」が「食生活」を変え、食生活がストレスを減らす

食事面のメリットも見ていきましょう。**筋トレを継続して体の変化を感じるようになると、この体型を維持したいという気持ちが生まれます。**

筋トレを頑張って体に変化が生まれたわけですから、それまで頑張ったことを無

にしたくない！という気持ちになります。そうなると、自然と食べるものを選ぶようになります。過剰に脂質や糖質を摂取すると太ってしまうため、脂質が少なくタンパク質を多く含む食事が中心に。

体を作ろうとする時に、適していると言われるのが和食です。これは日本人の体質や消化機能に合っていることもありますね。鶏むね肉やささみ、魚などの高タンパク、低糖質のものを選び、調味料も控えめ。**無理してそうするのではなく、自然とそう思うようになります。**

体の変化とともに、本当に体に必要なものを食べたくなるのかもしれません。ジャンクな食べ物からは、自然と距離を置くようになります。我慢するわけではなく自らの意志で控えますから、ストレスを感じることは不思議とありません。

僕たちも、ふだんは和食ベース。お酒はたまに飲みますが、飲み過ぎるということはなくなりました。もともとラーメンやスイーツも大好きですが、それらをたくさん食べたらどうなるか、体にどう影響するかを体感レベルで知っています。

だからこそ、和食を食べようという感覚に変わりました。損得勘定が働いているというのもあるかもしれません。適切な食事をしたら体がどう変化するかを経験で理解していますから、「食べたら損だな」という意識が働きます。

ジャンクフードもＯＫ　無理せず続けることが重要

ただし、健康的な食生活「だけ」を何年も続けるのは無理があります。友達付き合いや会社の集まりなどがあると、メニューを選ぶわけにもいきません。それに、スイーツやジャンクのおいしさは、心を満足させてくれます。そのメリットも十分に理解しているので、時にはジャンクフードを食べることも全然あります。

ただ普段は筋肉にいい食事を食べているからこそ、その時に罪悪感は一切ありません。**ベースとなる食事が健康食なので、「時々のご褒美」と思えるからです。罪悪感を抱くことなく食べるジャンクフードは、より一層おいしく感じます。**

メンタル不調の大敵「睡眠不足」も改善

筋トレをすることで、筋細胞の成長が促進し、体内のテストステロンと成長ホルモンのレベルが高まるとされています。このホルモンの両方が、眠りの質と深さを高めることに一役買っているという説があるのです。

また筋トレをすると、筋肉組織内の微細な傷に筋肉が適応せざるを得なくなります。その結果、**強力な信号が脳に送られ、一段と深い眠りになり、回復が促進されるという説もあります。**

しっかりと眠ることができれば、それはメンタルの回復にもつながります。メンタルが落ちると眠りが浅くなったり、眠れなくなると悩む人は、筋トレをしてぐっすりと眠ることで、心の安定を取り戻すことができるかもしれません。

しかし、わかっていても、悩みや心配事に囚われてしまいますよね。**モンモンと悩むのなら、ぜひ体を動かしてください。**思い立ったらすぐに取り組める筋トレは、メンタルが少し落ちている時でも、負担なく取り組めるはずです。

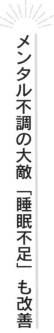

筋トレをしている間は「恐怖」や「不安」から逃げられる

不安障害やうつに悩む日本人は多い……そんな研究結果があることを知っていますか？　日本人は幸せホルモンである「セロトニン」の分泌量が他国の人に比べて少なく、強い不安を感じやすいといわれています。僕たちも含め、ほとんどの人が日々様々な不安や恐怖を抱き、それらと闘いながら毎日を過ごしているはずです。

第1章でもお伝えしたように、不安の種はどこにでもあります。将来、仕事、家庭、人間関係、不安の種を探し始めたら、きっと際限なく見つけられるでしょう。しかも、その不安や恐怖は、すんなり解決しません。どうやったら解決するか、どうすれば緩和されるかさえ、わからないことがほとんど。

しかし筋トレを続けていくと、その不安は少しずつ解消されるはずです。

筋トレは個人戦！　つまり「自分との戦い」

筋トレは心の訓練に最適です。筋トレは基本的に1人で行う個人戦です。だからこそ、途中で手を抜くことも簡単にできてしまいます。

「あと1回だけ頑張る」を選んでも、「しんどいからここで止めよう」を選んでも、どちらでもOK。誰にも迷惑がかからないから、その時の気分で自由に選ぶことができる。また、選んだことに対して、誰かに怒られることもありません。続けるのも自由、止めるのも自由！

そういう意味では、筋トレは常に自分との闘いです。**どちらを選んでもいいという状態で、自分のために「あともう1回」を選べたら。そしてそれを実行できたら、そのこと自体が自信につながると思いませんか？**

そしてそれを日々積み重ねていくと、「自分は強い意志を持って継続ができる人間である」と自然に思えるようになります。筋トレは「つい諦めてしまう自分」や「自分に甘い自分」「逃げてしまう自分」を訓練するのに非常に最適なんです。

困難に打ち勝ってきたという自信が、メンタルの安定につながる

自分の弱さや甘さに対して、「なんとかして改善したい！」と思う人は多いでしょう。弱い自分、自分に甘い自分をどう扱えばいいのか、どうやって打ち勝てばいいのかわからないことに、きっと多くの人が悩んでいると思います。

しかし**筋トレを継続していくことで、その弱さや甘さに打ち勝つ方法を身につけることができます。**また、筋トレを通して自信がつくと、不安や恐怖に対する基準も、過去に比べて低くなります。

それは結果的に不安や恐怖を感じにくくし、心配事があっても動じない自分につながっていくので、最終的にはメンタルの安定を得ることにつながります。

周囲のネガティブな意見にも屈しない強い意志を身につけた

僕たち2人の経験で言うと、ＹｏｕＴｕｂｅを始めてから数年間は、まったく結

果が出ませんでした。周囲からは、「YouTubeで稼げるようになるのは、ほんの一握りの人だから無理だよ」と何度も言われてきました。

始めて1年程経つと、YouTubeで少しずつ稼げるようになってきましたが、2人がそれぞれ暮らせる程の収入にはなりません。

これまでの数年間、不安がなかったと言えば、それは嘘になるでしょう。ですが、周りから何と言われても、信念を曲げずに続けてこられたのは、筋トレで培った「諦めないマインド」があったからだと感じています。

なかなか上手くいかないことがあっても、「あんなに細かったけど、ここまで体を変えられた！」「きつい時もあったけど、ここまで筋トレを続けてきた！」そういった日々の小さな自信が積み重なり、ちょっとのことでは屈しない強いマインドを手に入れました。

つまり、僕たちが言いたいのは、**筋トレはあまりにメリットがあり過ぎるということです！**

コラム1

毎日5分でOK！自宅でできる簡単おススメ筋トレ①

ここで筋トレのモチベーションが上がった皆さんに今日から自宅で簡単にできる筋トレをご紹介します！

筋トレと聞くと「ジムに行かないといけない」なんてイメージがあるかもしれませんが、家でも十分に鍛えられます。無理ない範囲で頑張っていきましょう！

※各種目10回×3セットが目安

▼**クランチ（腹筋）※普通の腹筋**

①仰向けに寝て、膝を90度に立てる
②手は頭の後ろに添える、もしくはお腹の上に置く
③息を吐きながら、おへそを見るように上体を起こす
この時、背中を丸めるよう意識する
③息を吸いながら、ゆっくりと背中を床につけていく

POINT!

・②で手を頭の後ろに添える時は、力を入れないこと。手はあくまでも添えるだけ。力を入れてしまうと、首に過度な負担がかかり、首を痛めてしまうので注意
・③で背中を戻す際、頭が完全に床につかないようにする
・腰痛防止にヨガマットを敷くのがおすすめ！

コラム 1

▼**プッシュアップ（胸）※普通の腕立て伏せ**

①両手を肩幅よりやや広げ、床に置く

②真下に手を置き、両肘をまっすぐ伸ばす
両足もまっすぐに伸ばし、つまさきを床につける

③肘を曲げ、胸を床ギリギリの位置まで近づける

④いったん静止してから、両手で床を押して
体を押し上げ、最初の姿勢にもどる

POINT!

・③では、お尻を上げすぎないようにする。また、腰も反らさない。体が常にまっすぐになるよう、保つことが大切。体が一本の棒であるとイメージするといい

▼**スクワット（足）**

①両足を肩幅に開き、つま先と膝が同じ向きになるように立つ

②両手を胸の前で軽く組む

③太ももと床が平行になるまで、お尻を下げてゆっくりとしゃがむ

④太もも裏とお尻の筋肉を使い、まっすぐに立ち上がる

POINT!

・足裏全体で地面を踏むことを意識し、体重が偏らないようにする

・あごを引き、足の脛《すね》と背筋が平行になるように意識する

・③では、ももの前の筋肉に効いていることを意識する

・③でしゃがむ時、膝がつま先よりも内側に入らないよう注意する。内側に入ると、ケガにつながるため注意

コラム 1

筋トレが続かない！と悩んでいる方にコツを教えます。

これまで頑張ると決めた時、毎日腹筋100回！腕立て100回やるぞ！なんて思っていませんでしたか？

筋トレで最も大事なことは「継続すること」です。これまで筋トレをやっていない人がいきなりハードルを上げると挫折する要因になります。

まずは3つの種目から1日一つだけに決めて、3回とか5回から始めてみましょう！

第3章

100万円の腕時計なんて不要 筋肉こそ最強のモテアイテム

帰宅ラッシュ
ガタン
ゴトン
ガタンッ
あっ す…
すみません
トンッ
ギロッッ
びくっっ
まめたまーーーん!!
どうしたんだい ポテチ君
普通に生きてるだけなのに女の子に嫌われるよぉ〜〜
ぜったい「おじさんキモッ」って思われた〜
辛いッスね
一度でいいから女の子に好かれたい〜〜っ やさしくされたい!!
……
ヒッ
がしっっ

……モテたいか
は…はい
喋るんだ…
いい声…
みしッ
ならば
これを飲むんだ
プロテイン
コト…
とにかく
飲み続けろ
そして―
鍛えるんだっ…！
ドドドド
ゴゴゴゴ…

男なら誰でも一度は黄色い声を浴びたいもの

僕たち2人の就職活動が無事に終わって落ち着いたころ、「何者でもない」自分を感じてモヤモヤする日々を過ごしていたと書きました。

人生で一度は、女性の黄色い声を浴び、チヤホヤされてみたい……。

おそらく、「飛び抜けた才能があり、誰もが振り返るほど容姿が整っていない限り、きっと一般人がチヤホヤされることなんてありません。

そんなことは十分にわかっていたのですが、それでも男として生まれたからには、女性にキャーキャー言われたい！

実現可能かどうかはさておき、男性であれば一度は望むはず。

もちろん、心身ともにカッコよくなればモテるでしょう。でも、そうなるための手段が、当時の僕たちにはわからなかったのです。

しかし、僕たちは「アレ」に出会ってしまったのです。

モテない理由は体型？　自信？　どちらも筋肉で手に入れられる

——そんな時に出会ったのは「筋トレ」。筋トレを始めたきっかけは「モテたい」という、健康な男子が一度は望むことが動機でした。

単純にも「マッチョ系の体格の人ってモテてるんじゃ？」と当時の僕らはそう考えました。「もし自分の腹筋が割れたら、それだけで女性と話がはずむかもしれない」「もし自分の腕の筋肉がモリモリだったら、女性から筋肉触っていいですか？と言われるかもしれない」など、そんなことを夢見て2人で筋トレを始めたというわけです。

僕たちが筋トレを始めようと思った理由は、もう一つあります。当時の僕らの体型は、いわゆる「ガリガリ」。つまり、めちゃくちゃ細かったのです。

どれくらい細かったかというと、まめは身長180センチで体重59キロ、たまは身長172センチで体重53キロ。この数字から、僕らがどれほど細かったかイメージができますよね。

夏にプールや海へ行くと、体格の良い男性がたくさんいます。みんなしっかりと筋肉があり、体格は逆三角形、水着なのにめちゃくちゃカッコいい。同性の僕らが見てそう思うのだから、女性はもっと思うに違いない！

体格の良い男性を見た後に自分たちの体を見ると、貧弱さが際立つように感じました。「あんな風に筋肉をつけたら、モテるんだろうなあ」。単純にそう思った僕たちは、より一層筋トレに励むようになりました。

ずばり世の女性はマッチョが好き！

なぜ体格の良い男性がモテるのか。これは僕たちの見解ですが、**女性は多少なりとも筋肉のある体つきをしている男性を好む傾向にある**と感じます。

女性がどういう体型の男性に惹かれるのか、女性向け雑誌の特集などを見ると明らかですよね。「細マッチョ」の特集はあるけど、「ガリガリ」「ヒョロヒョロ」を特集する雑誌は残念ながらありません。

体格がいい男性だと、女性は「頼りがいがある」と感じるようです。ただ細いだけではなく、服を脱いだら腹筋が割れていて、腕や背中もたくましい。自分よりも広い肩や背中を見ると、「筋肉に触ってみたい」「抱きしめられたい」と思うという女性はかなりいるようです。

自信のある男は「モテる」という真理

また女性にモテる男性というのは、得てして自信を持っています。女性に人気のある芸能人ランキングなどを見ていると、自信なさげな人は見かけません。男同士でも、自信のない人に頼ろうとはあまり思いませんよね。何においても、やはり自信は必要だということ。**そして自信をつけるのに手っ取り早い方法は、やっぱり**

筋トレなのです。

そうは言っても、自信がありそうな男性を見かけることは少ないと思いませんか？　おそらく今の世の中、自信がある人より、ない人の方が圧倒的に多いのではないかと思います。だからこそ、**自信があるというだけで、目立つのです。言い換えれば、自信さえつければ、差別化が図れるということ。**

自信がない理由はいろいろあると思いますが、何かを成し遂げる成功体験が得られていない、もしくは少ない人が多いのではないでしょうか。

自信は過去の経験から得られるものです。何かを積み重ね、何かしらの成果を得たという経験があるからこそ、自信がつくのです。ということは、筋トレをして、「体が変わる体験」をすれば確実に自信がつくと思いませんか？

これまで何かを成し遂げたことがなかったとしても、筋トレで体を変えるという成功体験を得られればそれが自信につながります。だからこそ、自信がない人ほど筋トレに向いているんです！　**継続し続けることで、体だけでなく心も変わり、自分を支える揺るぎない自信を手に入れることができます。**

ライバルは他人ではなく昨日の自分

筋トレをする際に僕たちがお願いしているのが、「他人比較」をしないこと。人は何かを始めると、どうしても自分と他人を比較しがちです。

比較することでかえって継続できる人もいますが、ほとんどの人がモチベーションに悪影響を与えてしまうのではないでしょうか？　まず前提として、筋トレの効果には体質などの個人差がかなり影響します。筋トレをしている環境はもちろん、そもそもの体質もありますから、個人差が生まれるのは避けられません。

同じ時期に始めたのに、周りと比べて体が変化しない、筋肉のつくスピードが遅い。そういった理由でモチベーションが下がる人もいますが、そもそも同じ土俵で戦えないのですから、誰かと比較して悩むのは間違いなわけです。

それに、他人と比較してしまうと相手の様子に一喜一憂することになり、自然と心が疲弊し不安定になるかもしれません。

であれば、**「昨日の自分」をライバルにすればいい。**昨日の自分ができなかったことを、今日の自分ができるように取り組む。それが実現したら、確実に成長を感じることができます。

それを毎日更新し、徐々に目標に近づくのです。ただやり続けるだけで進むのですから、優越感や劣等感を持つ必要もありません。つまり、**筋トレを継続するということは、毎日「自分史上最高の自分」が生まれるということです。**

これは筋トレに限ったことではありません。境遇や個性が違うのだから、誰かと同じスピードで成長はできないのです。

それなのに、他人と張り合うことは見えない敵と戦っているようなものです。コンプレックスやモヤモヤ、イライラだけが溜まり、自信を失うという負のスパイラルになりがちです。

だからこそ、**昨日の自分に打ち勝つことを目指す**のです。

そうすれば着実に進み続けることができ、確実にレベルアップする自分を体感できます。

ボディメイクに正解はない。他人と比較しても落ち込むだけ

これは僕らの動画でもよくお伝えしていることですが、「理想」というのは人によってまったく違います。それはボディメイクも同じで、自分が考える最高の体のイメージは、人によってまったく異なります。

例えば、カッコいい体になりたいとしても、それがボディビルダーのような体型なのか、細マッチョなのかで、さまざまなことが変わります。

筋トレをする頻度はもちろん、食べるものや生活スタイルも変わりますので、**自分の求める「カッコいい」や「理想の体型」がどのようなものかを明確にすることが大事**です。

僕らの思う「カッコいい」は、腹筋が割れていて背中がたくましく、逆三角形のシルエット。一方、下半身の筋肉量はズボンが綺麗に着こなせる程度で、ボディビルダーまでは全然いかないイメージ。もっと言うと、水着もスーツもビシッと着こなせて、職場でも海やプールでも映える、そんな体型を目指しています。

なぜなら、僕らが筋トレを始めた理由は「モテたい」だから。服を着ていても脱いでもカッコよければ、今よりモテると僕らは確信しているのです。

時々、「世間一般ではこういう体型がカッコいいとされるから、自分もそうなりたい」と言う人がいます。しかし僕らの体感だと、それで筋トレを継続するのは難しいと感じています。

なぜなら、明確な自分の意志による目標がないと、頑張り続ける理由を見失いやすいからです。加えて、照準を世間や誰かの意見に合わせてしまうと、ブレが生じます。

世間の風潮や価値観なんて、実はあってないようなもの。年の初めにバズったものが、年末には廃れているということが頻繁に起こるのですから、いつ変化してもおかしくありません。

世間や他の誰かの言う「カッコいい」ではなく、**「自分が心からカッコいいと思う体」を目指せばいい。**なぜなら、**ボディメイクに「正解」はない**のですから。

昨日の自分より一歩でもカッコいい自分に近づこう

水着もスーツも似合うカッコいい自分を目指し、筋トレをするようになったわけですが、筋トレをすればするほど、体質や筋肉の質に明確な個人差があることを、僕らは痛感してきました。

繰り返しになりますが、**「比べるのは昨日の自分」**です。昨日の自分よりも一歩だけでも、今日の自分がカッコよければ、それでOK。他人よりもカッコよくなろうと比較してしまうと、ゴールのないマラソンを走るようなものです。しかし、昨日の自分よりもカッコよくなるのは今日からできます。

昨日より筋トレを1回多くやってみる。昨日よりも重いダンベルを持ち上げる。昨日より一歩多く歩く。昨日食べてしまったジャンクを今日は我慢する。昨日は知らなかったスーツの着こなし方を調べてみる。昨日よりも時間をかけてスキンケアをする。どんなに小さなことでも、そういったことを毎日積み重ねていくと、いつの間にか自他ともに認める「カッコいい」になるはずです。

競争ではないから恵まれた体型や資質がなくてもOK

僕らの体型はもともとが「ガリガリ」です。痩せる必要はなかったものの、体を大きくしなければなりませんでした。

日本はアメリカなどと比べると、当時の僕らのような「細身」の人が多い印象です。これは日本ならではの食生活によるものも大きいとは思いますが、体質的にも筋肉がつきにくい人も多いのではないかなと思います。減量して痩せるのも大変ですが、増量して筋肉をつけるのも簡単ではありません。

筋トレを始めてからの僕らは、食生活が変わり、生活習慣まで変わりました。それにより僕らの体は大きく変化し、今ではガリガリだったころの面影はありません。

つまり、恵まれた体型でのスタートではなかったということです。

ですが、この書籍を作っている今、まめの体重は74キロ（＋15キロ）、たまの体重は66キロ（＋13キロ）。試行錯誤しながら筋トレを続け、体重を増やすことに成功しました。そして、増えた体重の分だけ自信がついた、そんな風に思っています。**頑張るのは、誰かを追い越すことではなく、昨日の自分を追い越すこと。**もっと言えば、昨日の自分を追い越せば、それでＯＫ。戦うのは、過去の自分の記録です。それを意識して、昨日よりもカッコいい自分に近づくよう、頑張りましょう！

周囲に流されず自分に合ったやり方で努力することが大切

今、世の中にはたくさんのモノがあふれていますが、「情報」はその最たるものではないでしょうか。筋トレやダイエットに関する情報もすごい量で、似たような内容もあれば、まったく異なる内容のこともあり、どの情報を信じてよいか迷ってしまう人も多いでしょう。情報があふれ過ぎていると、それに飲まれ、何をしたら良いかわからなくなる人もいますよね。

だからこそ、自分が求めている理想に近い発信者や情報を探すのが大事です。

例えば、「ジムは週に7日、トレーニングは1日最低3時間やれ」という情報があったら、その発信者がどんな人かを見るのです。おそらくですが、このような情報を発信しているのは、筋トレガチ勢やボディビルダーが多いはずです。

その一方、僕らは「モテたい」が動機です。スーツでも水着でも映える体が目標ですから、ボディビルダーの体型は理想ではありません。僕らが推奨するトレーニングは「週3日のトレーニング。30分でいいから、とにかく継続」。**無理しない範囲で継続していくことが体を変える上で最も重要な秘訣です。**

自分の目標と照らし合わせて情報の取捨選択を行う

情報過多のこの時代に迷ってしまう原因は、自分の目標や理想像が明確でないことが原因なのではと思います。ボディビルダーを目指す人は、僕らのトレーニングでは明らかに足りないですし、モテる体を目指す人は週7の筋トレは完全にオーバーワークになります。

だからこそ**自分はどうなりたいのかを明確にし、誰の情報を参考にするかを決めるのが大事**になります。

「あっちの方法がいいかな。いや、こっちの方法がいいかも」と右往左往するのは、疲れますし、途中で面倒になり、やらなくなる要因にもつながります。だからこそ、目指すゴールを明確にし、可視化しておくことをおすすめします。

ゴールが明確なら、それに見合った情報を発信している人をピックアップすればいいので、情報の取捨選択はグッと楽になるはずです。

自分が思い描く理想の体型を手に入れるには、**周囲に流されず、自分に合った方法を継続することが何よりも大切。**

自分のなりたい姿をはっきりと定め、自分を信じて頑張りましょう！

モテるマッチョと、モテないマッチョの三つの違い

ここまで筋トレをするとモテる！と話してきましたが、実際のところ筋トレをすると本当にモテるのか？

もちろん一概には言えませんし、個人の人間性もありますが、結論としては「マッチョになるとモテることは間違いない」と、僕たちは思います。

理由はさまざまありますが、よく言われるのは次のことです。

・自分が理想とする体型が手に入る
・健康的になれる
・体力がつく

・生活習慣が整う
・ポジティブ思考になる
・ストレス耐性が上がる
・水着とスーツが似合うようになり、洋服が決まる
・オンもオフも、カッコいい自分でいられる
・若く見られる
・自信がつき、周りから頼られる

きっとまだまだあると思いますが、メリットがたくさんあり過ぎますよね。筋トレをしてマッチョになると、得られるものは膨大だということです。マッチョがモテないわけがないと思いませんか？

ただ、**その一方で、モテないマッチョもいます。**モテたくて筋トレに没頭し過ぎると、起こりうる弊害があるのです。その弊害は大きく分けて三つ。

▼ゴリゴリのマッチョはモテない

「モテる」ことに限定すると、日本ではボディビルダーのようなゴリゴリのマッチョを好む女性は少ないでしょう。多くの日本の女性が好むのは、程よく筋肉のついた細マッチョ。そのため、あまりに筋肉をつけすぎると逆にモテなくなる可能性があります。

これを聞いて、「そうなったら困るから、筋トレをしない方がいいかも……」と心配になる人がいるかもしれません。でも、その心配は不要です。なぜなら、ボディビルダーのようなゴリマッチョ体型は、毎日数時間以上の過酷なトレーニングを欠かさず行い、日々の食事管理なども徹底し、途方もない努力を数年以上積み重ねた結果、ようやく手に入れられる代物だからです。

例えば、僕らがボディビルダーのあの体になるまでに相当な時間とお金がかかるでしょう。ですから、心配は無用。ゴリゴリのマッチョには容易になれないので、安心して筋トレに励んでください。

▼清潔感がない

筋トレに没頭するあまり、それ以外のことをおざなりにしてしまっていませんか？　1日中筋トレのことを考えてしまい、服の手入れをしない、汗を拭かないなどがあると、当然ですがモテません。

誰でもそうだと思いますが、いくら外見がよくても、不潔な人には近寄りたくないですよね。

目の前の女性がいくら好みだとしても、服はぐちゃぐちゃ、汗だらけで不潔だとしたら、お近づきになりたいと思わないはずです。それは女性も同じで、いくらマッチョであっても、清潔感がないとモテません。

清潔感のある人になるのは、簡単です。髪型や顔、体を手入れする。衣服や身につけるものを手入れする。体臭がしないよう気を配る。それを日々怠ることなく、やる。

筋トレだけできればいい、それ以外は知らないというのは、人として考えものです。自分は清潔感があるかどうか、気にするようにしてください。笑

▼脳筋すぎる

「脳みそまで筋肉」を略した「脳筋」。主にゲームやネットで使われるスラングですが、あまりポジティブでない意味というのは、何となく想像がつくかと思います。筋肉と力はあるけれど、考えがまったくなく、すべてを力任せで解決してしまうような人を指します。脳筋タイプもモテないマッチョに入ると思います。

脳筋は、一見頼りがいがあるように見えますが、何でも力任せで解決する、頭が弱そうといった意見もあり女性からは「カッコいい人」に見えるかというとそうではないと思います。

筋トレは、あくまでもより良い自分になるための手段です。そのことをしっかりと理解していれば、脳筋にはなりません。体型も大切ですが、やはり最後は人間性。人間性の良さに勝るものはありません。脳筋は運動が好きで、継続力もあります。だからこそ、人間性を磨きましょう。それができれば、鬼に金棒なことは間違いありません。

「モテマッチョ」になるために鍛えたい三つの筋肉

ここまで筋トレのメリットを聞いて、「とりあえず、何でもいいから鍛えよう！」と筋トレを始める人もいるかもしれませんが、その前に、「鍛えるとモテやすくなる筋肉」があるのでここでお伝えします。

モテマッチョを目指すなら、まずは女性が好む筋肉を知り、その部位を重点的に鍛えていきましょう！

「モテる」ためにバキバキにしたい筋肉３選

女性が見て**好感度が上がる筋肉は、腹筋、背中、腕の三つ。**

腹筋がバキバキに割れている人って、やっぱり憧れませんか？　**腹部にしっかり筋肉があると、姿勢も整いますから、外見全体がよく見えるメリットもあります。**

その次が、背中です。鍛えられた逆三角形の背中は、頼りがいを感じさせますから、女性に安心感を与えることができるようです。また、スーツを綺麗に着こなそうと思うと、背中の筋肉である広背筋が重要です。背中なので気づきにくいですが、背中を鍛えているかどうかは意外と一目でわかります。

腕は、言うまでもない人気部位。太い腕に浮き上がる血管がいい、という女性は多いですよね。また、腕の筋肉がしっかりしていると、Tシャツ1枚でもカッコよく見えるもの。スーツを着ていても、腕の逞しさがわかるので、もっとも男らしさを感じさせる部位と言えるかもしれません。

腹筋が効果を実感しやすい

三つの部位の中で、**もっとも鍛えやすいのは腹筋です。**腕や背中は器具を使う方が効率的ですが、腹筋は器具なしでも十分に鍛えられます。家でトレーニングをしたい人は、腹筋から始めるのがおすすめです。

背中は、器具なしで鍛えるのは難しいかもしれません。ジムに行って器具を使うか、背中を鍛えるマシンを購入して鍛える人が多いでしょう。

腕については、ペットボトル（2L）で鍛える方法がありますが、それよりはジムで器具を使うのが効率的です。

家で筋トレをする場合、標準的な体型と筋力のある男性だったら、**まずは10〜15回を1セットとし、それを1日3回やるのを継続してください。複数のトレーニングを組み合わせても、おそらく1セット5分もかからないはずです。**

ただし、適切なやり方をしているかどうか、筋肉の質、体質などで、結果が表れる速さは変わります。早く結果を出したい、効率的にトレーニングをしたいという人は、専門家に教えてもらったり、ＹｏｕＴｕｂｅなどで研究をしたりしましょう！

ダイエットトークや料理トークで、女子の心をわしづかみ！

筋肉を育てる上で必要になるのが、食事です。

体は食べたもので作られますから、体作りに必要な栄養素をきっちり摂取しないと、思うような効果が得られません。今はフィットネスブームの影響で、コンビニ食や外食でも高タンパク質・低脂質の筋肉に良い食材が増えてきています。とはいえ、安くてかつ必要な栄養素をきちんと摂るならば自炊が最強です。

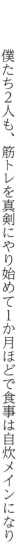

やっぱり栄養コントロールは自炊が最強

僕たち2人も、筋トレを真剣にやり始めて1か月ほどで食事は自炊メインになりました。余計な脂肪をつけずに筋肉をつけていくためには、高タンパク質・低脂質の食事が重要です。ただ、これを外食だけで済まそうとするとどうしても余計な油やカロリーを摂ってしまいます。

そこで自炊だと自分でカロリーや油の量も調整できますし、何よりお金もかからないので自然と自炊をするようになりました。筋トレをしている人の自炊率は相当高いと思います。

筋トレをする前の僕たちは、自炊なんて一度もしたことがありませんでした。でも**今は筋肉を育てるために、毎日ほぼ自炊**です。低脂質で高タンパクな鶏むね肉をいかに美味しく食べるかを、試行錯誤した結果、料理のレパートリーはかなり増えました。料理スキルも自然と身についていったなと思います。

自炊をするようになって良かったのが、ダイエットや食の知識に詳しくなったこと。筋肉とダイエットは、食と密にかかわっているため、自然と知識量が増え、ダイエットにいい食事などに詳しくなります。

そうすると、女性との会話に困らなくなりました。ダイエットに興味がない女性はほとんどいません。料理男子という言葉もありますが、おそらく料理をする男性はまだまだレア。**料理をするというだけで、周りとの差別化になるトークをすることができます。**

また、女性からダイエットの相談を受け、それがきっかけで仲が深まるなんてことはざらにあると思います。

食事や自炊を極めれば自然と女性から頼られる存在に

ダイエットトークや食の話は、必ずと言っていいほど盛り上がります。この話が得意になれば、一瞬で女性の心をわしづかみにできるでしょう。

何を食べたらいいか、どういうトレーニングをしたらいいか、女性にレクチャーできると、トークのネタは間違いなく増えるし、女性にとって頼れる存在になれるかもしれません。

動画でも紹介していますが、僕たちは今、美容にも力を入れています。何をすれば肌が綺麗になるかを日々研究しているわけですが、これもモテ要素の一つ。自分の肌が綺麗になるだけでなく、スキンケアやコスメの知識も身につき、それを活用するためさらに肌が綺麗になるという好循環が生まれています。

スキンケアやコスメも女性は大好きですから、モテ要素を一つ増やせるわけで、「モテたい」を目指す僕らとしては、楽しいことばかりです。

筋トレを始めて、僕らは体が変わり、食べる物や生活習慣が変わり、精神的な強さも得て、肌まで綺麗になりました。ガリガリで、肌も綺麗とは言えない大学生だったのに、筋トレを続けたことで、別人のように変わりました。

理想の体に近づくだけでなく、肌のために美容施術まで受けるようになったのですから。それもこれも、あの時「モテたい」という自分の気持ちに従い、筋トレを始めたからこそ。ぜひあなたも筋トレで人生を変えましょう！

コラム2

毎日5分でOK！ 自宅でできる簡単おススメ筋トレ②

本章でも、自宅でできる簡単おすすめ筋トレを紹介します。自宅でできる筋トレはどうしても選択肢が限られますが、思いついた時にすぐにできるのがいいところ。まずはどれか気になるものから始めて、慣れてきたら他の種目にもチャレンジしてみましょう！

※各種目10回×3セットが目安

▼バイシクルクランチ（腹筋）

腹直筋や腹斜筋を鍛えられるトレーニング。器具も場所も必要ないので、手軽に取り組める。下半身のたるみが気になる、くびれを作りたいという人におすすめ。

①床に仰向けに寝る
②両手を耳の後ろにあて、頭を浮かせる
③左膝を胸に引きつけながら、右膝をまっ直ぐ伸ばし、脇腹をひねって右肘と左膝を引きつける
④反対側も同様に行い、自転車を漕ぐように交互に繰り返す

POINT!

・背中をベッタリと地面につけると、鍛えたい筋肉を働かせることができない。腹筋に効かせるためにも、上背部は浮かせた状態で行う
・腰や背筋が反った状態になってしまうと、腹筋に効きづらくなる。どうしても反ってしまう場合は、骨盤を後ろに傾かせるように意識しトレーニングをする

▼バックエクステンション（背中）

人間の体でもっとも長い筋肉と言われる、脊柱起立筋（腸肋筋・最長筋・棘筋）を鍛えるトレーニング。姿勢の保持に重要な役割を果たしているので、姿勢が気になる人におすすめ。

①うつ伏せの状態になり、両手を頭の後ろで組む
②息を吐きながら、無理なく上がる高さまで上体を上げる
③息を吸いながらゆっくりと上体を下ろし、繰り返し行う

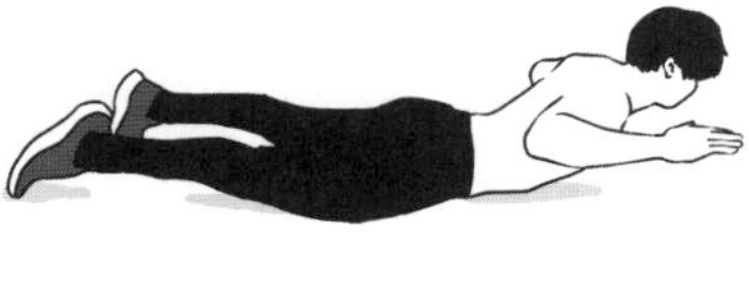

POINT!

・うつ伏せになって行うため、初心者は頭に血が上り苦しくなることも。徐々に慣れるが、なるべくゆっくり行うことと、大きな呼吸をするよう意識する

・フォームが違うと、腰を痛めてしまうことがある。とくに、必要以上に腰を反らすのはNG。腰を反らす限界地点を定め、トレーニングをする

▼ランジスクワット（足）

大殿筋・ハムストリングス・太もも前側の筋肉などが鍛えられる。片足ずつ行うため、筋肉を意識しながらできるのがメリット。体幹を鍛えるのにも適している。

コラム2

①足を肩幅程度に開き、足を前後に開く
②体はまっすぐに起こした状態で、足を曲げていく
③前の足の膝が90度になるところまで体を下ろす
④元の位置まで戻り、逆足も同様に行う

POINT!

・膝が90度になるよう意識して曲げる。角度が変わると筋肉に効かないので注意
・元の位置に戻る時は、上体をしっかり起こしておく
・鍛えたい筋肉を意識し、そこに負荷がかかっているかどうか感じられるようにする

第 4 章

Excelを習う暇があったら腹筋バキバキにしようぜ？

…あのさあ
芋岡君
はーーー…
パサッ
何年この仕事
やってんの？
前も言った
よね？
すみません…
また
怒られた…
ポテチの兄貴
ポテチの兄貴！
ん？
にゅっ
うわあっ!!
ざわっ
どうした
芋岡君!!
あっイエ
何でも
ないです
サッ
どうして会社に
いるんだよ
こそっ

筋トレは仕事にも効果を発揮するって伝えたくて
まめの兄貴いわくタイムマネジメント能力も身につくらしいッス
ギクッ
タイムマネジメント…かぁ
に…苦手…
それに考察力や洞察力を高める効果もあるらしいッス
ビジネスエリートがジムに通うのもそれなりの理由があるッスね
それじゃ戻ります☆お仕事がんばって下さい!
……
ふぅ…
今日もジム行ってみようかな

仕事ができる男はマッチョと同じくらいカッコいい

ここまで筋トレを続けることで、体だけでなく心も変わり、自信とともにカッコいい体が手に入るとお伝えしてきました。ですが筋トレの効果はそれだけではありません。

筋トレをすることで仕事にもかなりいい影響を与えてくれるのです！

ところで、僕らは約3年間サラリーマンとして会社で働きながら、筋トレを続けていました。

そしてある時、**仕事をしていく中で自己管理能力が飛躍的に成長していることに気づきました。**

それは間違いなく筋トレのおかげだったのです。仕事ができる男ってカッコいいですよね？

そこで本章では、筋トレによって培われ、仕事に直結する自己管理能力、**「食事」「睡眠」「時間」**をそれぞれ三つに分けてお伝えします。

仕事の基礎は自己管理能力。自己管理能力は筋トレで鍛えろ！

目的や目標を達成するためには、自分をコントロールする力、つまり自己管理能力が必要です。具体的には、健康や感情、モチベーション、時間、お金を自分で管理する力。

しかし、これらを身につけ、高いレベルで維持するのは、簡単ではありません。自己管理能力を完璧に身につけている人は少ないでしょうし、そもそも身につける方法さえ知らない！なんて人がほとんどではないでしょうか？

ですが、**この自己管理能力、実は筋トレで高めることができます！**筋肉をつけるには、単に筋トレを頑張ればいいだけでなく食事や睡眠、時間の管理をする必要があります。ただ筋トレをしているだけでは、筋肉はつかないのです。

筋トレで体を大きくしたいなら、自己管理能力を嫌でも身につける必要があります。ということは筋肉がついて体に変化が起こることは、それだけ自己管理能力が身についた証拠でもあります。

仕事に役立つ自己管理能力その①「食事管理」

筋肉をつける上で、絶対に欠かせないのが「食事」です。どれだけストイックにトレーニングをしていても、食事内容を整えなければなかなか体は変わりません。逆を言えば、筋トレをしても体が変わらないのは、食事に原因がある可能性があります。

筋肉をつけるには、好きなものを食べたい時に食べていてはＮＧ。筋肉に必要な食材を、適したタイミングで食べなければなりません。

とくに意識して摂取したいのが、三大栄養素（タンパク質・脂質・炭水化物）で

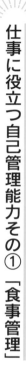

す。これらは、「エネルギー産生栄養素」とも呼ばれていて、体のエネルギー源となるもの。**なかでも筋肉を作るタンパク質は重要で、筋トレをしている人はタンパク質を基準にしながら、1日の食事を決めるのがセオリーです。**

また、ダイエットでは何かと敵視されている**脂質や炭水化物も、筋肉の成長に欠かせない栄養**であることを知っていますか？　それぞれ人間の体を動かす重要なエネルギー源になるため不足してしまうと体調不良になったり、筋肉がつきづらくなってしまいます。

三大栄養素以外にも、ビタミン類やミネラルなどは、筋肉を大きくするのに必要なもの。筋トレの効果を高めるには、さまざまな栄養素をしっかり摂取することが大切です。

だからこそ、筋肉をつけるためには食事管理が上手くできるようになる必要があるんです！

食品	1食当たりの重量	タンパク質（g）	エネルギー（kcal）
鶏むね肉（皮なし・生）	100g	23.3	105
鶏ささみ（生）	100g	23.9	98
豚もも肉（脂身つき・生）	100g	20.5	171
鮭（しろさけ・生）	1切れ（80g）	17.8	99
ぶり（成魚・生）	1切れ（80g）	17.1	178
ツナ缶（まぐろ・水煮・フレーク・ライト）	1缶（70g）	11.2	49
鶏卵（全卵・生）	1個（65g）	7.9	92
木綿豆腐	1切れ（80g）	7.0	73

※参考：日本食品標準成分表2020年版（八訂）

三大栄養素について、食事管理の目安（時間や摂取量など）を紹介しますので、参考にしてください。

▼タンパク質

・摂取量：1食あたり20gを推奨

・食材：肉・魚・たまご・大豆製品などは良質なタンパク質を含む

▼炭水化物

・摂取量：炭水化物は、摂取エネルギーの50~65%が目安。筋トレをする人は、「6g×体重（kg）」摂るのがおすすめ

食品	1食あたりの重量	炭水化物（g）	エネルギー（kcal）
うどん	生めん150 g（1玉）	85.2	374
スパゲッティ	乾めん100 g（1人分）	73.1	347
中華めん	生めん120 g（1玉）	66.8	299
ごはん	茶碗1杯150 g	55.7	234
食パン	6枚切り1枚（60 g）	27.8	149
さつまいも	1本（200 g）	66.2	254
じゃがいも	1個（150 g）	23.9	77

※参考：日本食品標準成分表2020年版（八訂）

・食材：米・パン・麺類・いも類・菓子類など

注意したいのが、炭水化物は手軽で食べやすいものが多いこと。そのため、つい食べ過ぎるということが起こりがちです。炭水化物を摂り過ぎた場合は、タンパク質や脂質で調整しましょう。

▼脂質

・摂取量：1食あたり15g以下に抑える
・食材：魚の油、卵の黄身、オリーブオイル、ナッツ類など

食品	1食あたりの重量	脂質(g)	エネルギー(kcal)
豚バラ肉（脂身つき・生）	100g	40.1	398
鶏モモ肉（皮つき・生）	100g	19.1	234
牛もも肉（脂身つき・生）	100g	13.3	196
成分無調整牛乳	コップ1杯（200ml）	7.6	122
まあじ（皮つき・生）	1尾160 g	7.2	179
鶏卵（全卵・生）	1個65 g	6.6	92
木綿豆腐	100 g（1/3丁）	4.9	73
鮭（しろさけ・生）	1尾160 g	6.6	198

※参考：日本食品標準成分表2020年版（八訂）

炭水化物同様、摂取量を意識するのがおすすめ。脂質は、調理法を工夫することで適度に減らすことができます。食材を下茹でする、蒸すなどすれば、余分な脂を取り除くことができます。

筋トレに効果のある食事のタイミング

▼筋トレの数時間前に食事をしておく（おすすめは1時間前）

食後すぐに激しい運動をすると、消化機能が弱まってしまうため、筋トレ前に食べるのがおすすめ。また、筋肉を動かすにはエネルギー源が必要になりますので、なるべく空腹状態で筋トレをしないようにすると◎！

▼筋トレ後は、しっかりと食事を摂る

筋トレをすると、エネルギーや栄養素が大量に消費されます。運動後はバランスの良い食事を摂取し、栄養をしっかりと体に吸収させましょう。

また、トレーニング後の筋肉は傷ついた状態。筋肉の修復をするためにも、食事はきちんと摂ることをおすすめします。運動後1時間以内を目安に食事やプロテインを摂取しましょう！

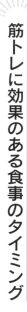

▼夜遅い時間の食事は避ける

夜間に食事をしてしまうと、夜に増加する遺伝子の働きにより、脂肪が蓄積されやすいと考えられています。また、夜は活動量が減るため、食べたものが消費されにくいタイミングです。特にダイエット中は炭水化物を控えるのが効果的です。

食事管理の場合、**食べるもの以外に、もう一つコントロールしないといけないことがあります。それが「食欲」。**甘いものやジャンクフードが好きな人、食べることが大好きな人、食べることでストレス発散をしている人は、ここに大きな壁を感じるかもしれません。

食欲をコントロールするコツは、「徐々に食事量を変える」ことです。

例えば、毎日スイーツを食べているなら、いきなりゼロにするのではなく、まずは2日に1回に減らしてみたりと徐々に回数を減らすようにします。

そして、スイーツを食べたら、その分しっかりと筋トレをして、帳尻を合わせましょう。一気に制限をすると続かなくなってしまうので、少しずつできることから変えていくことがとても重要です。

またこれは個人差はあると思いますが、**筋トレを続けていくと食欲を自然とコントロールできるようになります。**なぜならせっかく頑張った筋トレの効果を、少しでも無駄にしたくないという「損得勘定が働きやすいから」です。

きつい思いをして頑張ったのに、それが無駄になってしまうかもなんて思ったら、嫌ですよね？　最初は食欲をコントロールするのがきつく感じるかもしれませんが、「ジャンクを食べるのはもったいない！」なんて思い始めたらもうあなたはマッチョへ近づいているかもしれません……。

仕事に役立つ自己管理能力その②「睡眠管理」

まず筋肉が大きくなる仕組みを最初にお話しします。筋トレをすることで筋肉が壊れ、傷つきます。そこでその傷を修復するために食事で栄養を摂って、さらに睡眠をとり筋肉を回復させます。その結果、元の筋肉より強くなり、筋肉は大きくなっていきます。

つまり**筋肉を大きくする上では、筋トレ以外のこの食事と睡眠がかなり重要なのです。**筋トレで傷ついた筋肉は睡眠中に分泌される成長ホルモンにより修復されますが、筋肉が大きくなるのはこの時間なのです。いくらトレーニングをしても、成長ホルモンが正常に働かなければ、筋肉はなかなか大きくなりません。

また睡眠不足の状態だと、筋肉を合成する成長ホルモンの働きは低下してしまいます。つまり、**睡眠不足は筋肉が大きくならないだけでなく、筋トレの効果を台無しにしてしまう可能性がある**のです。

また、筋トレをすると自然と睡眠の質が上がります。これは科学的にも証明されていますが、睡眠の質が上がる理由として、「筋トレをすることで眠気をもたらす分子であるアデノシンが作られ、寝つきが良くなる」「筋トレをすると眠りの浅い時間が減少し、深く眠る時間が増える」ということが挙げられます。

アデノシンは、筋肉細胞と脳細胞が活動する際のメインエネルギーとして使われるため、筋トレをすればするほど体内に蓄積します。

このアデノシンは、眠気を誘発する作用があるので、寝つきが良くなるというわけです。つまり、筋トレをすれば睡眠時間をコントロールできるようになるだけでなく、睡眠の質も上がって言うことなしです。

なお、睡眠は最低6時間確保することをおすすめしています。よく眠れる人なら、7～8時間くらい眠るのもいいですね。

睡眠を6時間以上確保する大切さは、筋トレをする、しないに限らず重要だとされています。**睡眠不足は、心身の不調を招き、パフォーマンスを低下させてしまいます**から、眠りが及ぼす影響が大きいのは確か。睡眠の質を上げるのは、難易度が高いかもしれませんが、睡眠時間の確保は、予定を調整することですぐにできるはず。筋肉をつけたい人は、まず睡眠時間の確保からチャレンジしてください。

仕事に役立つ自己管理能力その③「時間管理」

時間管理についての悩みは、とても多いと思います。現代人はただでさえ忙しいのに、筋トレをする時間を取ることができるのか、不安がつきまとうでしょう。

僕たちも会社員時代は、時間のやりくりに悩みました。会社で仕事をしていると、どうしても仕事メインでスケジュールを立てることになりますから、筋トレは余った時間でやるしかありません。

それに、仕事の日はどうしても疲れてしまい、ジムに行く気にならない、残業になって予定が狂ったなどということが頻繁に起こるので、筋トレを継続するのが難しいことは確かにあります。

僕たちの場合、**あらかじめジムに行く日を決めることで、時間管理ができるようになりました。**

例えば、木曜日は筋トレに行くと決めてしまうのです。曜日で決めるのが難しいなら、ノー残業デーはジムに行くと決めておいてもいいでしょう。もし、急な業務などで予定が狂ったら、次の日以降で筋トレに行く日をリスケします。

そうやって先に予定を入れ、少しずつ時間管理をしていくのです。

もちろん、上手くいかない日も出てきますし、面倒になってサボる日もあるでしょう。そんな時は、また予定を組めばいいのです。それを繰り返すうちに、時間管理のコツを体で覚えていきます。

筋トレを継続していると、そのうち自然とトレーニングに行きたくて仕方がないようになります。そうなると、スケジュールの中心は「筋トレに行くこと」になり、自然と仕事のやり方が変わります。

例えば、今日は20時にトレーニングに行くと決めたら、その瞬間に仕事を終わらせないといけない時間が決まります。その終了時間に間に合うよう、逆算して仕事を進める癖がつくため、時間の使い方にメリハリが出て、ダラダラすることがなくなるというわけです。

僕たちの場合、会社員時代は出勤前に「朝筋トレ」をしていました。仕事終わりだと疲れてしまい、追い込むことが難しかったからです。

朝筋トレに慣れるまでは、筋トレの疲れが仕事に少し影響してしまうこともありましたが、その時期を超えると、**朝筋トレのメリットばかりを感じるようになりました。**

例えば、朝筋トレで代謝が上がることで痩せやすくなる。筋トレで頭と体がスッキリするので仕事の効率が上がる。筋トレをしてシャワーを浴びるので心身がシャキッとするなどです。

ギリギリに起きて、半分眠ったような状態で出勤することがなくなり、午前中からフルスピードで仕事ができるようになりました。

朝筋トレをすれば、夜はジムに行かずに家に帰って休めばいいし、仕事が終わった後は、同僚や友人と思い切り楽しむこともできます。**朝筋トレは生活習慣を大きく変えてくれるため、どの年代の方にもおすすめです！**

時間管理が根づくには、相応の時間がかかります。最初は頑張っていても、なかなか継続できないのが人間ですよね。時間管理が続かない要因にはいろいろありますが、最初に掲げるハードルが高く、いきなり大きく変えようとしてしまうことがあるかもしれません。

例えば明日から1時間早く起きて朝筋トレをしようとしても、それを継続できる人は少ないでしょう。1時間早く起きることは、とてもしんどいことです。

そこで僕たちが提案したいのが、**いつもより「5分」もしくは「10分」だけ早く起きること。**

まずはそれを1週間だけやってみて続けることができたら、次は1か月の継続を目指します。1か月経って継続できそうなら、次は半年という具合に、小さなステップを積み重ねてください。

筋トレの時間も、まずは5分からスタート。それが1か月続いたら、次は10分に延ばします。**そうやって少しずつ増やし、慣れていくことで、いつの間にか時間管理が身につくはずです。無理なく進めていきましょう。**

なぜエリートはジムに通う？ 筋トレが仕事に与えるメリット3選

僕たちは経営者にお会いする機会がよくあります。いろいろな方々とお会いするうちに気づいたのが、「体を鍛えることが好き」という人がとても多いこと。ジムに通ってトレーニングをするのが習慣化している人も多いです。

仕事ができるビジネスマンは、筋トレをしていることが多いと言われていますが、それは**筋トレをすると仕事ができるようになる**から。こじつけのように思われるかもしれませんが、実は科学的にも証明されていることなのです。

その根拠とされているのが、筋トレをすることで分泌されるホルモン「テストステロン」。このテストステロンは、複数ある男性ホルモンの主要なものとして知られ、筋トレをすることで活発に分泌されることがわかっています。

筋トレ好きに仕事がデキる人が多いのは科学的な理由があった

テストステロンは、筋肉だけでなく人の性格や考え方、社会性にも大きな影響を与えるとされていて、いわゆる男らしいと言われる行動、例えば決断力がある、大胆さ、リスクを恐れずにぶつかるなどは、このテストステロンの分泌が関係しているそうです。

他にも、テストステロンが仕事に良い影響を与えるポイントには次のものがあります。

- ・注意力や集中力が増し、頭の回転が早くなる
- ・チャレンジ精神が活発になる
- ・疲れにくくなる

テストステロンは、健康な体と精神を維持するのに、極めて重要な役割を果たし

ています。残念ながら年齢とともに低下すると言われていますが、だからこそ筋トレをして分泌を促しましょう。筋トレで大きな筋肉を動かすことで、テストステロンや成長ホルモンの分泌が促進します。

1日30分を1か月継続できたら、体感レベルで変化を実感するはず。もちろん、やり方や進め方、体質の個人差により多少の差異はあるかもしれませんが、目安としてはそれくらいです。

たった1か月頑張るだけで、体調が良くなり、前向きに動けるようになるわけですから、試しに1か月だけ筋トレしてみるのはどうでしょうか。

テストステロンには若返りの効果もあり！

また、テストステロンはアンチエイジングの分野でも注目を集めています。**テストステロン値が高い人は、長生きをしやすく、見た目も若々しい人が多いことが最近の研究でわかってきています。**

つまり、男性のアンチエイジングの鍵を握るのは、このテストステロン。このホルモンを高め維持できれば、**疲れにくい体と、前向きに動くスタミナや精神力を手に入れることができる**のですね。

テストステロンを高めるには、バランスの良い食事と睡眠、何より筋トレが有効です。運動をすることで、高齢者のテストステロン値が若者と同じくらい上がるという研究結果もあるようなので、やはり筋トレをしない手はないですね！

経営者やエリートが筋トレをする理由にはいろいろあると思いますが、レベルや質の高い仕事をする人は、その基盤となる体や精神のコンディション維持にこだわります。

経営者や責任ある立場の人が抱えるプレッシャーは相当です。一般的なレベルではなく、高い水準で体や精神を維持しなければなりませんし、その必要性を誰よりも感じています。また、筋トレと経営を含むマネジメントは、似通う部分が確かにあり、だからこそ筋トレは多くの経営者やエリートを惹きつけるのかもしれません。

筋トレで身につける「忍耐力」と「精神力」は仕事の成果に直結する

筋トレをしていると、常に選択を迫られます。それは小さな選択の連続ですが、例えば仕事で疲れてクタクタの状態で腹筋をしていて、その日のノルマ数を達成したとします。「今日はもう止めてご飯を食べよう」というのを選ぶのか、はたまた「あと1回だけ頑張る」という選択肢もあります。

気持ちは休みたいけれど、あと1回、あともう1回と頑張るほうを選んだら、それは確かな証拠として、自分の中に蓄積されます。**それは、「弱い自分に勝った」という立派な実績です。**その積み重ねが、思い切って一歩踏み出す気持ちの強さや、限界を超えようとする意欲につながります。それが、仕事や人生の転機でしんどいことがあった時に、「もうひと踏ん張り」ができる自分に変えてくれるのです。

筋トレの基本は自分との約束を守ること

また、ジムに行くか行かないか、トレーニングで自分を追い込むか追い込まないかは、常に自分が選択することになります。自分で決めたノルマを破ったり、サボったりしても誰にも文句は言われません。

筋トレは、自己責任でやるもの。つまり、自分との約束です。

人間は、他人との約束はよく守ります。相手に迷惑をかけることは避けたいし、相手の信頼を損ねることも避けたいでしょう。無理をしてでも、約束を果たす。そういう人が圧倒的に多いのに、自分との約束を守るのは苦手とする人が多いです。確かに、自分との約束を破っても、誰にも迷惑はかかりません。

しかし、自分に対する信頼を確実に損ねることになります。約束を守れない自分、またサボってしまう自分、それを選択しているのは、まぎれもなく自分自身。そういう自分自身の弱さを感じるたびに、自分の心に小さな傷がつくのを無視していませんか？

筋トレを継続することは、自分との約束を守り続けること。1日1日、筋トレを積み重ねて、自分自身に対する信頼を取り戻しましょう。筋トレを続け、自分との約束を果たし続けることが、将来の自分を作ります。

そうして過ごした日々の記憶は、絶対的な証拠として自分の中に蓄積され、やがて自己肯定感を底上げする最強の材料になるはずです。

自分を変えたい？　それならやるべきことは決まっている

この本を読んでくれている人や、僕らの動画を見てくれている人は、自分を変えたいと心から望んでいる人が多いのではないでしょうか？

自分を変えるチャンスは、日々の生活の中に点在しています。

例えば仕事。どれだけ苦しく辛くても、自分の限界を超えて頑張り続け、成果をつかむことができれば、一気に自分自身に対する信頼は回復します。

周りに無理だと言われても、取引先にあしらわれたとしても、最後までやり遂げたなら、「諦めない力」が身につきます。日常で経験する嫌なこと、しんどいこと、苦しいことは、すべて自分を強くする訓練だと思えばいいのです。

人生の選択肢は、常に「乗り越える」一択で、失敗を恐れず、とにかく突き進めばいい……と。そんなこと頭ではわかっていても、それができれば悩みませんよね。誰だって、嫌なこともしんどいことも苦しいことも、できれば避けて通りたい。それは僕たちも同じです。

筋トレは、対人間でするものではありません。

だから、あしらわれるとか、ダメ出しをされることはありませんし、相手に嫌われないかとビクビクする必要もありません。気合を入れて乗り越えようと思わなくても、昨日より1回だけ多くトレーニングをすれば、今日の自分の限界を突破できます。

筋トレをすることで、忍耐力を自然と身につけることができ、自分自身に対する信頼を積み重ねることができるのです。筋トレを通して鍛えた精神力は、確実に仕事のパフォーマンスを向上させ、いざという時に絶大な力を発揮するでしょう。

人間はそもそも、怠惰で少しでも楽をしたい生き物です。だから簡単に自分との約束を破るし、ついつい周りに流されてしまう……。その結果、自己肯定感が下がり、さらに自信を失うという悪循環を繰り返しがちです。それではいつまで経っても自分に対する信頼が回復しません。

自己肯定感を上げる方法は日常の中で成功体験を積み重ねることが重要です。ですが、日常でなかなか成功体験を積み重ねる方法なんてありませんよね。そこで筋トレがおすすめなんです。昨日の自分を一歩でも超えることを積み重ねていくことで簡単に成功体験が積み上がります。

「これまで嫌なことを避けてきたけど、本当は自分を変えたい……」。そう悩む人は今すぐ筋トレをしてください。

そして筋トレで自分との小さな約束を守り続け、自分に対する信頼を取り戻しましょう！

第5章

魅惑のカロリーモンスターは惜しみなく平らげるべし

残業明けのコンビニ
ぐっ
ポテトのチップス
New! ガーリック脂盛り マシマシ鬼ギガMAX
だめだめ
ここで負けたらすべてが台無しになる
帰ってプロテイン飲むんじゃ
!!
僕は変わらないといけないんだ!!
新発売のお菓子うまいっすね
わい
わい
ズサー
わな
やっぱポテチには炭酸だよね～
はいコーラ☆
わな
あざッス
そんなカロリーの化け物を食べるなんて!!
今までの努力《筋トレ》が無駄になっちゃうよ…!
もり
もり
今日は僕らチートデイなんで大丈夫ッス
チートデイ?

筋トレはいわば
マラソン！
継続するには
定期的に好きなものを
食べてストレスを
発散することが重要なんス
おいしーっ
また明日から
がんばるぞー！
それに、チートデイを
設けることには
基礎代謝を維持する効果や
トレーニング期間で偏った
栄養バランスを整える効果も
あるんです
もっ
もっ
というワケで
ポテチさんも
どうぞ！
ぐっ…
ポテトのチップ
チキン
いただき
まーす
糖《とう》と脂《あぶら》
うまーっ

カロリーの化け物を恐れるな。やつらは味方だ

筋トレの大切さやメリットなど、ここまでたくさん紹介してきましたが、あなたの望む「カッコいい体」を手に入れるには、筋トレや食事管理など、やるべきことがたくさん！

でも、たまには**ピザ**とか**ハンバーガー**とか**ポテチ**とか**ステーキ**とか、高カロリーなものをたらふく食べたいなあ……。

どうぞ、食べてください！

実は何を食べてもいい「チートデイ」は、筋トレを継続するのにとても効果的。仕事も勉強も同じですが、根を詰めて頑張っても、後でその反動が怒涛のごとく押し寄せてきます。それなら、敢えてチートデイを設定すればいいのです！

この章では、そんな筋トレを継続できるヒントをお届けします。

筋トレを続けることは、実は簡単！

僕たちがよく聞かれる質問の一つに、「筋トレやダイエットを成功させる秘訣は何か？」というのがあります。これは性別や年代を問わず、あらゆる人に聞かれることですが、そのたびに僕たちはこう答えます。

「秘訣はただ一つ。続けることです」

短期間で効果が出る魔法のような方法があればいいですが、残念ながらそんなものはありません。逆を言えば、筋トレやダイエットの失敗となる要因もただ一つ、諦めてしまうからです。

例えば、これまで一切運動をしてこなかった人が、いきなり筋トレをしようと思い立って、毎朝1時間のトレーニングをすると決めたとします。筋トレのスケジュールを組み、万全の体制で挑んでも、継続できるのはおそらく3日。1か月も継続できる人はほぼいないでしょう。

なぜなら、それまでまったく筋トレをしなかった人が、いきなり1時間のトレーニングをできるはずがないからです。**体がトレーニングに慣れていないのに、最初からハードルを高くしてしまうと、それが継続の大きな壁になってしまいます。**

最初こそ「頑張って継続させよう」と奮闘しますが、そのうち今日は時間ないから明日にしようと先延ばしにする。そしてそのうち「トレーニングをしなくていい理由」を考えるようになって、最後はフェードアウト……そんな人が多い印象です。

理想の体型を手に入れるには、それ相応の時間がかかるとお伝えしました。ガリガリの人がいきなり太ることがないように、いきなり痩せる、いきなり筋肉がつくということもありません。

だからこそ、**結果が出るまで続けることが何よりも重要**なんです。

そして筋トレの継続に必要なのは、無理なく続けるための工夫。工夫と言っても大げさなものではなく、ちょっとしたコツを取り入れるだけ。そのちょっとしたことで、筋トレはスムーズに習慣化できるようになります。

最初は小さく続けて、慣れてきたらより頑張るが続けるコツ

筋トレやダイエットで、僕たちが必ず伝えること。それは、「無理のある目標は立てない」ことです。

大きな目標や高い基準は、継続するには高いハードルとなります。加えて、トレーニング初心者の体はハードなトレーニングを継続することに耐えられません。初心者が限界ギリギリまで追い込むと、かえって体を痛めることにもつながり、継続の習慣化には不向きです。

筋トレを成功させるカギを握るのは、継続できるかどうか。ですから、少ない回数から始めて体や心を慣れさせましょう。

筋トレ初心者なら、最初にやることは「寝る前に腹筋を5回」や「毎朝3分のト

レーニング」で構いません。それがクリアできれば、その日のトレーニングは終わり。筋トレ初心者の目標は、筋トレに慣れることですから、少ない時間から習慣化させましょう。

継続のカギはハードルを極限まで下げること

自分には継続力がないと悩む人は多いですが、それはきっと誤解です。なぜなら、どれだけ継続力がないとしても、何も続けてきたことがない人はいませんよね。

例えば、歯磨き。事情があれば別ですが、歯磨きをしない人はおそらくいないでしょう。多くの人は、とくに何も考えることなく、モチベーションを上げることもせず、歯磨きをしているはず。筋トレの習慣化は、この域を目指してほしいです。

歯磨きをしないと気持ち悪いと思うように、**筋トレをしないと気持ち悪いと思える域にたどり着いてほしい**のです。

いったん筋トレが習慣化すると、そのうち「もう少し追い込みたいな」など物足りなさを感じるようになります。そうなれば回数や時間を増やせばいい。最初は腹筋5回だったのを、まずは8回に増やします。毎日8回が習慣化し物足りなく感じたら、次は10回にする。そうやって徐々に負荷を増やす作戦なら、無理なく継続できると思いませんか？

筋トレを始めたころの僕たちも、この方法で徐々に回数や時間を増やしました。僕たちの場合、最初の筋トレのペースは週1回。遊びに行く感覚でゆるゆるとトレーニングをしていたので、高い意欲やモチベーションはありませんでした。しばらくすると、週1では物足りなくなりトレーニングは週2回になりました。それを繰り返してジムに行く回数が増え、今に至ります（ちなみに今は週5回）。

もしも僕たちのスタートが「筋肉を大きくするために、週5日はジムに行って最低3時間トレーニング！」だったら、間違いなく今の僕たちはいないでしょう。目標が高過ぎてすぐにギブアップし、運動とは無縁の生活を送っていたかもしれません。

僕たちが筋トレを継続できたのは、意志が強いからでも、根性があるからでもないのです。**小さなステップを踏みながら習慣化したこと。**

そしてその小さなステップがどれも楽しかったことが、今へとつながりました。

筋トレやダイエットに限らず、継続したいと思っても継続できないのが「普通」。継続できる人が「例外」です。

だからこそ、ファーストステップを小さくして、継続しやすい状況を作りましょう!

楽しくやることが筋トレを継続する秘訣

筋トレの継続にやる気やモチベーション、意志の強さは必要ありません。

もちろん、やる気がありモチベーションも高ければ、しばらくは続くかもしれません。しかし、**やる気やモチベーションが効果をもたらすのは、きわめて短期的。**

これらは一時的な燃料にしかならないからです。

「継続が成功の鍵を握る」ということは、みんなわかっていると同時に、「それができれば悩まない」と思うのも、みんな同じですよね。

筋トレに限らず、何かを継続することは、何かを始めることよりも、難易度はずっと上。誰でもできることではありません。

何かを継続させるには、それを楽しんでやることが一番!

これは継続のアドバイスでよく言われることですが、そもそも「楽しんでやる」って、意外と難しくないでしょうか。

僕たちの動画では、「筋トレを継続するには、義務感でやらないことが大事」と伝えています。

「筋トレをしなきゃ」とか「サボらずにやらなきゃ」と思ってしまうと、その時点で義務感が生じてしまい、楽しむ要素が消えてしまいます。

そもそも筋トレを始めたのは、「理想の体を作りたい」「体を引き締めたい」という目標があったからのはず。「楽しい」を想像して始めたことなのに、それがストレスになるのは、悲しいですよね。

だからこそ、**毎日無意識でやっている歯磨きと同じように、スモールステップで習慣化させましょう。**

そうすれば「変化」というご褒美がやってきますし、変化に気づいたら、あとはもう加速だけ。継続したいという気持ちが自動的に湧きますから、どんどん楽しくなってきます。

少しでも楽しく感じたらこっちのもの！　当たり前に続くようになっているはずです。

ダイエット停滞期には、「チートデイ」を設けよ！

理想のカッコいい体を手に入れるには、高タンパク質・低脂質の栄養を摂ることが大事と、第４章で紹介しました。

しかし、筋肉や体のための食事ばかりをしていると、知らず知らずのうちに食事自体に飽きてしまったり、ストレスが溜まってしまいます。それがダイエットを断念するきっかけにもなるので、注意が必要です。

また、ダイエットをすると必ず来るのが停滞期。

この言葉を聞いたことのある人は多いと思いますが、食事量や摂取カロリーの制限に体が慣れてしまって痩せにくくなる状況のことを言います。停滞期の期間も、かなりストレスが溜まりますよね。

停滞期対策は超簡単！「チートデイ」を設けるべし

停滞期のストレスから脱出するのに有効なのが、「チートデイ」。「cheat（騙す・欺く）＋day（日）」という意味の言葉で、「好きなものを食べられる日」として、多くのダイエッターが取り入れています。

好きなものを食べたら太るのでは？と思うかもしれませんが、実はそうでもありません。

カロリー制限を続けると、不思議なもので人間の体はその生活に慣れ始めます。その結果、少ないカロリーでも生きられるような「省エネモード」になってしまい、代謝が落ちて逆に痩せにくくなってしまうんですね。

そして、その状態で運動量を上げたり、食べる量を抑えてもより代謝が落ちて、痩せにくくなってしまうという負のループに陥ってしまいます。

そこで、その**省エネモードを解消するのが「チートデイ」**です。

チートデイでは、好きなものをしっかりと食べます。そうすると、これまで少ないカロリーで生きていこうとしてた体は突然の高カロリーにびっくりします。

その結果、脳と体がチート（騙される）され、省エネモードはオフ。正常な状態にスイッチが変わり、停滞期の脱出につながるというわけです。

また、ダイエットはどうしてもストレスが溜まります。好きなものを食べられないことは、意外と心に負担がかかるもの。自分で選んだとはいえ、我慢をする生活が長くなるのは、体に良くても心に良いとは言えません。

チートデイを取り入れると、定期的にストレスを発散する機会ができます。この日を目指し、トレーニングに励む、食事制限を頑張るというように、モチベーション維持にもなりますよね。

チートデイ後は心が満たされますから、きっと次への意欲も湧いてくるはず。いわば、チートデイは「心のために食事をする日」。チートデイを上手く活用できれば、心身の健康維持につながるということです。

停滞期は週に1回好きなものを食べよう！

ダイエット停滞期だと、週1回を目安にチートデイを取り入れるといいでしょう。それより回数を増やすと、ダイエットの意味がなくなってしまうので要注意。

チートデイで、食べるものに決まりや制限はありません。基本的には何を食べてもOK。ふだん食事量を減らしている人は、この日だけはお腹いっぱい食べて、ストレスを発散しましょう。

チートデイでよく食べる具体的なメニューは、次のものです。

・パン類
・カレーライス
・ステーキ
・焼肉
・お菓子

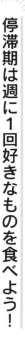

チートデイは、しっかりと食べることが大切。中途半端に食べるのは止めてください。

リバウンドを避けたいがために、いつもより少し多い程度の食事にすると、不完全燃焼感からまた食べたい欲がどこかで起きてしまいます。

少し注意してほしいのが、チートデイのタイミングです。

実は、チートデイで体型が戻ってしまい後悔して、そこで挫折する人は少なくありません。それを避けたい場合は、**実施するタイミングを選びましょう。**

①午前中

②筋トレ前後

チートデイは、可能であれば午前中、もしくは筋トレの前後に設けるのがおすすめ。午前中がおすすめな理由としては、午後からは活動量が増えるため、ある程度のカロリーが消費されるからです。

筋トレ前後も同じ。筋トレ前にチートデイを設ければ、そのあとトレーニングをすればいいですし、筋トレの後なら、しっかりと食べてもストレスにはならないでしょう。特に筋トレ後は脂肪が増えにくいタイミングなのでおすすめです。

逆に、**チートデイを避けたほうがいいのは夜**ですね。夜は行動量が減り活動代謝が落ちることから、摂取したカロリーが消費されません。

また、タイミングが制限されること自体がストレスになる人は食べたいものを食べたいタイミングで食べましょう。大丈夫、多少太ったとしても、あとで帳尻を合わせればいいのです。

なお、チートデイの効果を生かすには、日々の食事をしっかりと管理することが条件です。**チートデイ以外の6日は、しっかりと食事の管理をし、制限するようにしましょう。そうでないと、チートデイの意味がなくなってしまうので、一つのご褒美として日々の生活とメリハリをつけることがとても大事です！**

絶対にやってはいけないダイエット

ダイエット成功には、ＰＦＣとカロリー収支が大切

ダイエットで食事制限をする際には、カロリーの制限だけでなく「ＰＦＣバランス」を整える必要があります。ＰＦＣバランスとは、摂取カロリーのうち、タンパク質（Protein）、脂質（Fat）、炭水化物（Carbohydrate）の摂取量がどれくらいであれば理想的かを比率で示したもの。

比率は、年代や性別、目標カロリーなどで異なります。ダイエットで敵視されがちな脂質や炭水化物も、適量を摂取しなければなりません。

脂質は、ホルモンや細胞膜を作る重要な栄養素ですから、不足するとホルモンバランスの乱れや便秘など、体調不良につながります。**炭水化物は、脳にとって大事なエネルギー源。不足すると、集中力の低下や内臓機能に大きな負担をかけてしまいます。**

それぞれ健康的な体を作る上でも大事な栄養素ですから、バランスよく摂っていくことが大切です。

カロリー収支についても知っておきましょう。カロリー収支とは、食事によって摂取したカロリーと、その日に消費したカロリーの差のこと。計算式で表現すると、わかりやすいかもしれません。

▼**カロリー収支＝食事摂取ー運動消費**

食事摂取カロリー　＞　運動消費カロリー：摂取カロリー超過（太る）

食事摂取カロリー　＜　運動消費カロリー：摂取カロリー不足（痩せる）

説明するまでもないかもしれませんが、痩せたいのであれば、食べて摂取したカロリーを運動量が上回るようにしなければなりません。それには、まず自分の消費カロリーを知ることが大切です。

なお、カロリー収支については、インターネット上もしくは僕らの公式ＬＩＮＥの特典（ＹｏｕＴｕｂｅ動画の概要欄に記載）で計算式が公開されていますので、ぜひ活用してください。

炭水化物を抜くと代謝が落ちて、痩せにくくなる

「ローカーボダイエット」「低炭水化物ダイエット」などと聞いたことはありませんか？　一時期テレビやメディアで流行したので、名前は知っているかもしれませんね。いずれも、炭水化物の摂取量を減らす、いわゆる糖質制限ダイエットです。

糖質制限をすると、確かに一時的に体重は落ちます。

しかし、**極端に糖質摂取量を減らすことは、結果的に脂肪が落ちにくい体にし**

てしまいます。デメリットはそれだけではありません。炭水化物の極端な不足は、次のようなことを招いてしまいます。

・脳の栄養が不足：脳の栄養はブドウ糖のみ。糖質の不足は、判断力や集中力の低下を招く

・肝臓機能の低下：糖質の摂取量が極端に不足すると、体の機能を維持するために肝臓に貯蔵している糖質を分解し、エネルギーに変える。そのため、肝臓機能の低下を招く

・疲れやすくなる：糖質量が不足すると血中の血糖が無くなるため、肝臓や筋肉に貯蔵したグリコーゲンを分解し、エネルギーに変える。そのグリコーゲンも無くなってしまうと、絶えずエネルギー不足の状態に陥り、非常に疲れやすくなる

つまり、**無闇に糖質（炭水化物）の摂取量をゼロにするのは、痩せにくくなるだけでなく健康にも悪影響を及ぼします。**

炭水化物を摂らないということは、ガソリンを入れずに自動車を無理やり動かすようなもの。ガス欠の車は、さまざまな機能が止まり、やがては動かなくなりますよね。

再度ガソリンを入れれば問題ないと思われるかもしれませんが、そうではありません。ガス欠により機能が失われ、深刻な故障につながることは珍しくないのです。

そして、それは体も同じです。

そうならないよう、炭水化物は必ず食べるようにしてください。

とは言え、過剰に食べると太る原因になりますから、炭水化物を食べる時は次のことを意識してみてください。

▼高タンパクの食材を食べる

パンや麺類、ご飯は糖質量が高めなので、1回の摂取量を減らし、その減らした分を、鶏肉や卵などの高タンパクな食材に置きかえる。また炭水化物を減らした分、おかずを増やすのもおすすめ。野菜や肉、魚などをしっかりと食べる。

▼よく噛んでから飲み込む

炭水化物に含まれる糖質は、急いで食べると血糖値を急上昇させてしまい、脂肪として蓄積されやすくなる性質を持つ。それを防ぐには、よく噛んでゆっくりと食べること。よく噛んでから飲み込むと、血糖値の上昇は抑えられダイエットにつながる。

▼夜に摂取する炭水化物量を減らす

夜間は活動量が減り、脳の働きも鈍るため、糖質は消費されにくくなる。消費されなかった糖質は脂肪になりやすいので、夜の炭水化物を減らすと良い。

極端なダイエットはリバウンドの可能性あり

ファスティング（断食）をする人が増えています。

ファスティングは、健康増進や臓器の治療に効果があるとされ、脚光を浴びるようになりました。

完全に絶食するのではなく、酵素ジュースなどで最低限必要な栄養素を取り入れながら、健康状態に支障が出ないよう、安全に行うのが一般的。専門家監修のもと、ファスティングを行う施設が各地にありますが、大人気のようです。

ファスティングは、健康な体を作るという意味でなら、やる価値はあるでしょう。しかし「筋肉があるカッコいい体を作る」という視点だと、マイナス要素が目立ちます。

ファスティングはカロリーを摂らないので、どうしても筋肉が落ちやすくなってしまいます。**カッコいい体を作るなら、ファスティングはあまりおすすめはでき**

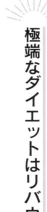

ません。しっかりご飯を食べて痩せることがカッコいい体を作る上で大切です。

またダイエットというと、野菜だけ食べるという極端な内容を思い浮かべる人もいるかもしれません。

ですが実は逆に痩せづらくなります。

理由は、チートデイのところでお話しした通り。体が飢餓状態になり、省エネモードに入ってしまうからです。

また、代謝が落ちた状態で食物繊維を摂り過ぎると、消化不良になり、下痢や便秘を引き起こします。飢餓状態で普通の食事をすると、一気に栄養を吸収し、思った以上のリバウンドが起きてしまうリスクもあります。

何より、**極端な食事制限は心の不調を招きます。**野菜だけなどの極端なダイエットは、失敗することが多い上に、失うものも多いので気をつけましょう。

まめたまのダイエット失敗談

今でこそ、筋トレや食事のことを人にアドバイスしている僕たちですが、実は手痛い失敗もたくさん経験しています。こと減量（ダイエット）においては、けっこうな数の失敗をしてきました。

中でも、僕たちがガリガリ体型から脱出し、初めて挑んだ減量の結果はひどかったです。当時の僕たちは、コツコツとトレーニングをしながら、たくさん食べて体を大きくしようと、1年間必死で頑張っていました。

結果、体もある程度大きくなったわけですが、そこからさらにレベルアップしようと、減量に取り組んだのです。理想は、「筋肉はしっかり残っているけれど、余分な脂肪がないカッコいい体」です。

極端な減量は必要な筋肉も落としてしまう

僕たちがやった減量は、「炭水化物は一切食べない」「摂取カロリーを限界まで落とす」というもの。

ダイエット中、よく食べていたのは、鶏むね肉の塩胡椒焼き。調味料でさえ太るのではと思っていたのです。それ以外に食べるものは、野菜。もちろんドレッシングはかけません。炭水化物も摂取せず、代わりにプロテインを飲んでいました。

これまでに紹介した、やってはいけないダイエットを、僕らはせっせとしていたのです。

このダイエットをしていたのは、2~3か月間。体重は、7~8キロ落ちたでしょうか。しかし実際は体脂肪とともに筋肉まで落ち、**残ったのは理想とは程遠い細い体でした。**1年間かけて大きくした筋肉は、大きく減ってしまいました。僕たちがやったことは、ただ体重を落とすためだけのダイエットだったと気づいたのは、ずっと後のことです。

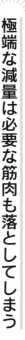

言うまでもなく、失敗の原因は知識不足です。当時の僕たちは、どうすれば筋肉を残しつつ体脂肪を落とせるのかをまったくわかっていませんでした。

そのため、ゴールや目安のないまま、勢いとノリだけでダイエットを始めてしまったのです。ただこのような失敗を何度も繰り返してきたからこそ、今につながっていると確信しています。

やり方次第で楽しく続けられる

何度かのダイエットに失敗をしながらも、今の僕たちは「食べて痩せる辛くないダイエット」のやり方を習得しました。

ダイエット中に空腹すぎて辛いなんてことはないですし、一般的にダメと言われているアイスもお菓子も普通に食べます。

ダイエットと言うと、「辛い」「我慢」「苦しい」というワードが浮かぶかもしれませんが、実際はそうではありません。ダイエットを厳しく感じているなら、そのやり方は間違っている可能性があります。

ダイエットに限らず言えることですが、**何かをするなら、まずは正しい知識を得ること。**

昔の僕らみたいに闇雲に頑張るのも否定はしませんが、心も体も疲弊します。

ダイエットは、やり方次第で楽しく続けられるもの。ぜひ正しい知識のもと、楽しみながら取り組んでください！

毎日2秒でいいから続けることが大切

誰にでも、何にでもあるのが停滞期です。生活や仕事、家族関係などもそうですよね。波に乗って上手くいく時期もあれば、停滞していると感じる時もあります。多くの場合、停滞期は忍び足でやってきます。いつもと同じと思っていたのに、気がつけば停滞していたという経験は誰にでもあるでしょう。

そこで諦めるか諦めないかで、その後の自分が変わってくる

停滞期に入ると、まるで出口のない迷路にいるような気持ちになるのは、僕たちだけではないと思います。あれこれ試しても現状を打破できず、心が折れることも

あるかもしれません。

僕たち2人も、これまで何度も停滞期を経験しています。その都度、さまざまな方法を試し乗り越えてきたわけですが、振り返ると、**停滞期は「考え方」がとても大事**だと感じます。

停滞期のたびに、僕たちはこう考えてきました。「停滞するってことは、上手くいっている証拠!」「上手くいっているから、停滞を経験できている!」と。停滞は、上手くいっている人だけが経験できる世界です。

有名なアスリートを見ればわかりますよね。世界的プレーヤーとして活躍するアスリートで、スランプを経験していない人はいません。しかし、スランプを脱した選手は、必ずと言っていいほど目覚ましい活躍をしています。

スランプを経て活躍する選手は、スランプ前になかった力強さを感じさせます。彼らがどのように努力をしたか、それを僕たちは知る由もありませんが、乗り越えた選手には共通することがあり、それは「諦めなかった」ということ。

つまり、**諦めなければ、いつか必ずできるようになると彼らが示してくれてい**

るのです。

これはアスリートに限りません。何かを手に入れられたのは、それを手に入れるまで諦めなかったという事実があるからこそではないでしょうか。

壁にぶち当たった時こそ過去の自分を超えるチャンス

誰にでも言えることですが、人生は良い時ばかりではありません。上手くいく時と上手くいかない時なら、上手くいかない時の方が圧倒的に多いと僕たちは考えています。

ですが、上手くいかないからといって、そこで諦めないでください。筋トレやダイエットもそうですが、停滞期は必ずいつか抜けるもの。

でもそこで諦めてしまったら、抜け出るチャンスさえ失ってしまいます。

上手くいかないけど諦めない。僕たちはこれも一つの成功体験だと考えています。「諦めてもおかしくないのに、諦めない自分」を選択することは、自分に対する信頼回復につながり、人生において大きなプラスになるでしょう。停滞期のような壁にぶち当たった時こそ、自分を変えるチャンスです。

「諦める自分」と「諦めない自分」、どちらを選んでもいいけれど、せっかく停滞期が来たのだから、苦しいだけで終わらせず、それを打破して違う自分を作り上げてみませんか？

僕たちもそうやって、上手くいかない時を乗り越えてきました。だからこそ、今の自分たちがあります。**誰かと比べて秀でているかはわかりませんが、過去の自分と比べて、今の自分は間違いなく秀でていると自信を持って断言できます。**

自分と自分の人生を変えたいなら、絶対に諦めずに続けてください。上手くいかない時期は自分や、やってきたことを否定したくなりますが、その時期を乗り越えた時に初めて得られる自信や経験があるはずです。**停滞を乗り越えたあなたは、まるで別人のような自分になっているでしょう。**

第6章

「なりたい自分」になりたければ「もうワンレップ」

そういえばどうして2人は筋トレを始めたんですか?
それはですね…
ただモテたかったんスよ
ドヤッ
軽っっ
(人のこと言えないけど)
学生時代は普通にサークルやバイトとかいろいろしてたんですけど…
学生時代って自分の強みとかやりたいこととかまだわかってなくって
ハッハッハ
30過ぎてもわからないけどね
周りと比べて自分ってマジで何もないなってへこんだり
特にやりたいこともないのにとりあえず就職活動したり——
当時は迷走してたッスね

僕たち最初はお互い会社員でYouTubeは「副業」でやってたんです
そうなんですか!?
ねっ
でも実際は片手間にできるほど甘くなくって…
再生数伸びないしそもそも時間がない…
最初はほんっと手探りでしたね〜
本業でいっぱいいっぱい
それでも毎日試行錯誤してたらちょっとずつやりたいことがわかってきて…
それが「筋トレ」だったんです
エモいっすね〜…
そっか……2人にもそんな苦労があったんだ
ほう…
なんだか少し勇気が出てきました！
僕も筋トレを続けていれば、なりたい自分になれるんですね
絶対変わってみせます！

運命を分かつ境界線に立っている時の「魔法の言葉」

いよいよ最終章を迎えました。

僕たちの経験から、体を変えるにも、仕事で成功するにも、異性にモテるためにも、メンタルを鍛えるにも、すべては筋トレを続けることが一番手っ取り早く、結果が出やすいことを知っていただけたと思います。

ここで、僕たちが伝えたいこと。それは、なりたい自分になるために、**「あなた自身の限界を超えてほしい」**ということです。

ただ、筋トレも人生も苦難の連続です。耐え難い瞬間が必ず訪れます。でも、その苦難を乗り越えられるかが、あなたの人生を左右します。

困難に直面したそんな時、頭の中で唱えてほしい言葉があります。

「もうワンレップ！」

合言葉は、「もうワンレップ」

筋トレをすると、負荷をかけている部位がきつくなってきますよね。

例えば、ベンチプレスを5回して、「もう腕に力が入らない」とか「大胸筋が痛くて、もうバーベルを押し上げられない」という状態になりますが、これは体の限界に限りなく近づいている証拠。ここで止めてもいいのですが、本当に体を変えたいのなら、**あえて「もうワンレップ」を選んでみましょう。**

無理だと思った時こそ、「もうワンレップ」

ワンレップとは、筋トレの回数を表す単位のこと。反復を表す「repetition」が

語源で、筋トレの世界では、「腹筋10回」を「腹筋10レップ」と表現します。この「もうワンレップ」こそが、体の変化を握る鍵。

「もうバーベルを押し上げられない」と感じても、あえて「もうワンレップ」を選び、力を振り絞ってバーベルを持ち上げます。

そうすると、**腕や大胸筋などがプルプル震えて、「これ以上、この動きはできない」という状態になりますが、これが僕たちの言う「限界の先」。筋肉を極限まで使い切り、すべてを出し切った状態です。**

トレーニングに慣れてくると、筋肉はかかる負荷に対して耐性を持ち始め、成長しにくくなります。

「これくらいで止めようかな」と筋トレを止める時は、まだ余力が残っているということ。つまり「いつもと同じ」で、筋肉が成長しにくい状態なのです。それをいくら続けたとしても、なかなか体は変わりません。

限界を超えた先にある「刺激」こそがマンネリ化を防ぐ

勉強や仕事、趣味でも言えることですが、同じことを同じ量だけ続けていると、マンネリを感じます。マンネリ化は安心を得ることができますが、成長するための負荷を奪い、もう一段階レベルアップすることを止めてしまいます。

マンネリ化した状況を打破させてくれるのは、より強い「刺激」です。新しい刺激が加わった途端、さらにスキルアップしたという経験は誰しもあると思います。

つまり、「もうワンレップ」は、筋肉にとっての新しい刺激ということ。中途半端に余力を残すのではなく、「もうワンレップ」を選ぶことで、筋細胞に強い負荷をかけ、筋肉の成長を早めてくれるのです。

また、「もうワンレップ」の効果は、消費カロリーにも及びます。運動量を上げれば、比例してカロリーも消費されます。「もうワンレップ」は、消費カロリーを増やしてくれるので、ダイエットをしている人にとっても、追い込むトレーニングは有効だということです。

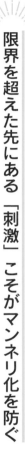

極限状態からの「もうワンレップ」。その先に見えた景色

「もうワンレップ」を選び続け、筋トレを積み重ねていくことは、体だけではなく、自分の心や習慣、人生までも大きく変えると僕たちは考えています。

僕たちの人生における「もうワンレップ」は、会社員を辞めてYouTubeに専念し始めた時にやってきました。簡単に言うと、**経済的に詰みかけた**のです。

僕たちは、会社員を辞めてYouTubeに専念すると決めてから、生活に困ることがないよう貯金をして準備をしたつもりでした。

しかし、読みが甘かったのです。独立して数か月もするとあっという間に貯金が無くなってしまいました。毎日の食費さえ困るようになり、Uber Eatsでアルバイトをすることも考えました。

ですがアルバイトをすると、ただでさえ頑張らなければいけない時期にYouTubeにかける時間を失ってしまいます。でも、**お金がないと生活ができなくなり、人生自体が詰んでしまう……。**迷いに迷った僕たちは、最終的に覚悟を決めて、

「キャッシングでお金を借りる」ことを選びました。

キャッシングでお金を借りる。これは僕たちにとって、非常にきつい選択でした。ましてやＹｏｕＴｕｂｅｒは安定とは程遠い、先が見えない仕事。お金を返せる目途が立つはずもありません。先の見通しが立たず、「会社員に戻った方がいいのではないか……」と思った瞬間もありました。

しかし、ＹｏｕＴｕｂｅｒとして生きることを選んだのは、まぎれもなく自分自身。一時的に金銭が厳しいからと会社員に戻るのは、せっかく勇気を出して一歩踏み出した自分自身を否定し、傷つけることになると思いました。**ならば、自分の選択を信じて進むこと、つまり「もうワンレップ」を選ぼうと覚悟を決めたのです。**

この時に、借金をしてでも諦めずにＹｏｕＴｕｂｅを続けるという「もうワンレップ」を選んだからこそ、今の僕たちがいます。当時を思い出したくないぐらいしんどい時期でしたし、きつい選択でしたが、一歩踏み出して本当に良かったと今では心の底から思っています。

やり切る力を持つために

本書を手に取ってくれた人は、おそらく人生を変えたい、自分を変えたいと思っている人が多いと思います。「今のままの自分じゃ嫌だ」「何かをきっかけに自分を変えたい」と考えている人もいるでしょう。

僕たちも自分を変えたくて筋トレを始め、今に至るわけですが、当然ながら、**最初から「もうワンレップ」を選ぶような意志の強さや根性があったわけではありません。**

なんたって「モテたいな～」くらいのノリで始めていますから。しかし今の自分たちになれたのは、間違いなく「絶対に人生を変えてやる！」という強い気持ちがあったから。僕らは決して器用な人間ではないですし、何か才能や特別なスキルがあったというわけではありません。

ただ**「自分を変えたい！」その強い思いが今の僕らを作り上げた**と思っています。

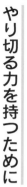

筋トレに限らず、何かを目指そうと思った時に、テクニックやコツばかりを知りたがる人がいます。筋トレやダイエットで言えば、効率的に筋肉を肥大させるトレーニング方法や、そこまで負荷をかけずに痩せる方法などです。

もちろん、コツやヒントを知るのはとても大切なことですが、最終的に目標を達成できるかどうかは、その人の持つ「やり切る力」にかかっています。

たとえ上手くできなくても、どうすれば上手くできるようになるかを模索し続け、失敗をしながら自分を知り、リスクをおかしてでも「一歩進む」ことを選ぶことが大切です。スキルやテクニックは単なるツール。それを駆使して**自分を動かし、ゴールまでたどり着かせるエンジンとなるのは、やり切る力、つまり気合いと根性だけなのです。**

「自分を変える」「人生を変える」というのは、決して簡単に成し得ることはできません。簡単にできるなら、誰も悩みませんよね。しかし、**簡単に成し得ないことだからこそ、チャレンジする価値がある。「もうワンレップ」は、必ずあなたの人生を変えてくれる合言葉です。**

切磋琢磨する仲間を見つけよう

「もうワンレップ」も、1人だと厳しい場面が幾度もあります。僕たちも、お互いの存在があったからこそ、これまでさまざまなことを乗り越えてこられました。

筋トレにしろ、ダイエットにしろ、1人だとどうしても継続できないと悩む人はとても多いです。

とくに筋トレの追い込みなど、きついトレーニングを1人で続けることは、至難の業。自分1人でモチベーションを維持し続けるのは、決して簡単でないこともわかっています。もちろん、黙々と目標達成に向けて取り組める人は確かにいて、それは本当に素晴らしいことです。しかし、これができるかどうかは、個人の性質によるところが大きく、多くの人にとってなかなか難しいのが現実です。

1人よりも2人でやれば、成長速度2倍

筋トレやダイエットでは、**目標達成において、仲間がいるかいないかで驚くほどの差が生まれる**と思っています。

まず目標を共有する相手がいると、それだけで小さな責任感が生まれ、「相手に迷惑をかけたくない」という思いは、人を動かす格好の材料になるのです。

また、相手にカッコわるいところを見せられないという思いは、マンネリ化しがちなモチベーションに刺激を与えてくれます。

相手が先に進んでいると知れば、やる気スイッチがONになり、トレーニングやダイエットが思いのほか上手く進むのも、よくあること。

つまり、**仲間がいることで生まれる責任感やプライドは、行動する燃料になる**のです。また、切磋琢磨できる仲間がいれば、孤独感は軽減され、不安の解消にもつながります。仲間を見つけることは、目標達成を実現するための「とっておきのコツ」なのです。

個人プレーだからこそ仲間の力が大きい

実際、筋トレをしていると、仲間のありがたみを常に感じます。

例えば、ベンチプレスで「もうワンレップ」ができないと自分は思っていても、仲間の声かけで達成できたことが何度も！　仲間がかけてくれる一声は、予想以上に力を与えてくれるものです。**自分だけでは超えられない限界を、仲間の後押しが超えさせてくれます。**

もし、一緒に筋トレをする人がいない、どうやって仲間を作ればいいかがわからないという人は、仲間を見つけにジムやコミュニティに飛び込んでみるのもありでしょう。体を鍛えたいという共通項があるのですから、意外とすんなり見つかるかもしれません。

集団がどうしても苦手という人は、パーソナルトレーニングもおすすめです。パーソナルトレーナーは、目的に応じたトレーニング指導を提供するだけでなく、好みや状態に合わせて、細かく調整してくれます。また、モチベーションの維持にも一役買ってくれるでしょう。

また、仲間の存在は成長速度を倍に上げてくれる側面も持ちます。例えば、僕たちは性格や考え方がまったく違う者同士。だからこそ、自分のトレーニングに相手の視点が入ることで、内容の質が上がります。

仮に自分が躓いたとしても、相手がいると引き上げてもらえたり、励まし合って取り組むこともできます。お互いの存在は一石二鳥どころではなく、何鳥になるのかわからないくらいです。

お互いの違いに気づくことで相乗的に生まれるパワーがある

僕たちのＹｏｕＴｕｂｅチャンネルである『まめたまの筋トレ日記』の運営でも感じていることですが、僕たちは得意な作業、不得意な作業のジャンルもそれぞれ違います。チャンネルを始めた当初は、その違いに気がつかず２人で同じ作業に取り組んでいました。そのうち、得意、不得意があるのに、2人とも同じことをするのは効率が悪いんじゃないか？と疑問を持つようになりました。そこから編集担当はまめ、企画担当はたまと作業を分けることにしたのですが、これが予想以上の効果を発揮したのです。

まず得意分野だけをやればいいので、お互いの作業に対するストレスが激減しました。得意なことだけに集中できるので、自然と内容の質が上がり効率化が進んで、作業スピードもアップしました。つまり、**お互いに任せ合うことで、それまでにはない大きな成果につなげることができた**のです。

この時ほど、相乗効果のパワーを強く感じたことはありません。1人だと全力でやっても100%だけど、2人でやれば、それを200%に押し上げることができる。100%の力で進むのと、200%で進むのとではスピードが変わります。

もちろん、いくら得意分野であっても行き詰まってしまうということは多々起こります。しかしそのたびに**「あいつも頑張っているだろうから、ここで止めるわけにはいかない」という気持ちが、自分の行動を前に進めさせてくれました。**

ライバルであり仲間の関係を作れ

筋トレを始めたころ、僕たちはお互いにライバル意識を持っていました。当時はまだ会社員だったので、月に1回、休みを合わせて一緒にジムに通い、ベンチプレスの記録を競い合っていたのです。

仕事が忙しいから今日はトレーニングを減らそうと思っても、**「あいつは今日もトレーニングをしているかもしれない」と思うと、自然と「もうワンレップ」を選んでいました。**

仲間の存在は、自分に思いもかけない力を与えてくれます。仲間がいれば、筋トレの行動基準を共有できたり、アドバイスをもらえたりしますから、ゴールまでの計画を冷静に練ることができます。

また、人は自分を高く評価しがちですが、仲間の存在があれば、そんな思い込みにもブレーキをかけてくれるでしょう。やる気も継続も、仲間が運んでくれるもの。ぜひ切磋琢磨する仲間を見つけて、一緒に目標達成を目指してください！

自分の人生を邪魔する人には距離を置く

仲間を作る大切さを伝えたところですが、逆に目標を見つけて周囲に宣言したところ、それを邪魔してくる人が出てきた、そんな経験をしたことはありませんか？不思議なことに、何か新しいことを始める時や、何か難しいことに挑戦する時に、笑って足を引っ張ってくる人は必ずいます。

読みながら、「わかる！」と思った人も多いのではないでしょうか？

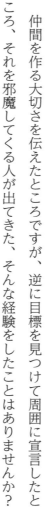

善意は、悪意以上に害になることも

僕たちも、そんな経験をたくさんしてきました。まめの場合、大学受験の時に自

分の学力よりはるかに高いレベルの大学を目指すことを決めました。そしてそれを周りに宣言したら、「無理無理！」と、友人だけでなく学校の先生にも笑われました。

当時、僕の偏差値は27。目指すことにした大学の偏差値は70超え。しかも早稲田大学への進学実績がほとんどない高校に通っていたため、そう言われてもおかしくはない状況でした。

ですが、何も知らない人が、新しい挑戦をする人に対してとやかく言う権利もないし、人の可能性を潰すようなことを言っていい理由もありません。

転職の時も、同じような経験をしました。新卒で入社したのはベンチャー企業だったのですが、いろいろあって転職を考え始めた時に、ある大手企業に入りたいと思ったのです。

しかし、やはり周りからは、「無理無理～」「大手企業からはベンチャーに行けても、その逆は無理だよ」ともっともらしく言われたことを今でも覚えています。

さらに、僕たち2人がＹｏｕＴｕｂｅを始める時も、会社を辞める時も同じようなことがありました。

会社員を辞めてＹｏｕＴｕｂｅｒを専業でやるという宣言は、周りからすればトリッキーでしかなかったでしょう。せっかく就職して社会人としてスタート地点に立ったのに、地に足の着いた生活をわざわざ捨てることは、周囲にとっては理解できなかったのだと思います。

結局、自分の可能性は自分にしかわからない

しかし、僕たちは本気でこう思っていました。「自分の可能性は自分にしかわからない」と。

多くの人は、自分の経験則や前例でジャッジしますが、それはあくまでも前例に過ぎません。前例がないことにチャレンジする人がいるからこそ、オンライン化が進み、ＹｏｕＴｕｂｅが台頭し、新しい世界が広がったわけです。だったら、僕たちの未来も他人が推し量ることはできないはず。何が可能で、何が不可能なのかは、

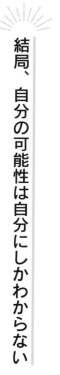

本人だけが決められるのだと思います。

僕たちが否定の言葉をかけられるたびに感じたのは、**「善意は、悪意以上に害になる」**ということ。おそらくですが、彼らは僕らをバカにしていたわけでも、陥れようとしていたわけでもないと思います。

もちろん悪意があってバカにする人も中にはいるとは思いますが、大半の人が「その人自身の経験則」から止めた方がいいよと言っていた気がします。

相手にとっては「親切心」なわけですから、逆にタチが悪いですよね。悪意なく相手のためを思って否定することは、かえって相手を深く傷つけるということをこの時に学びました。

誰に何を言われようとそれが本当に自分のやりたいことなら、スルーするしかありません。もし言われて止めてしまうようなら、そこまでの夢だったということだと思います。落ち込むのではなく、逆に周りから見たら無理だと思うようなことに自分は挑戦しようとしていると捉え、やる気に変えていきましょう。もし、それでもしつこく否定する人がいれば、その人と無理につきあう必要はありません。それがたとえ親であっても、親友や恋人であっても、自分の足を引っ張る人とは距離を置けばいいのです。

相手の善意を優先して、自分自身の挑戦を諦めてしまうなんてことは止めましょう。一度きりの人生です。夢や目標を叶えようとしている自分自身を一番大切にしましょう。**周りの言葉に引っ張られそうになったら、成功している自分の姿をリアルに思い浮かべればOK！　そのうちに、気分が少しずつ高まるはずです。**

筋トレを否定する人はいないかもしれませんが、筋トレやダイエットの宣言をすると、誘惑する人は出てくるかもしれません。「おいしい料理を食べに行こう」とか「飲みに行こう」と誘われ、結局トレーニングを挫折してしまったということがないようにしてください。**なぜ筋トレをしようと思ったのか、どんな体になりたいのか、なぜ自分は変わりたいと思ったのか。これをいつでも思い出し、原点に返ることができれば、一見楽しそうな誘惑に打ち勝つことができるはずです。**

モチベーションに頼らない

筋トレやダイエットに限らず、物事を成し遂げるには、モチベーションをいかに維持するかが大切だと言われます。ですが、そのモチベーションの維持こそが、とても難しいと感じませんか？

だって、モチベーションは天気と同じくらい、とても気まぐれなもの。朝はやる気に満ち溢れていても、それが昼まで続くとは限りません。

でもそれが普通で、モチベーションはすぐに変化して、固定できるものではないということです。

実は筋トレやダイエットが継続しないのも、多くの場合、原因はモチベーションにあります。

モチベーションではなく、ルーティン化する

目標達成するためには、モチベーションと行動を完全に切り離すことが大切です。筋トレやダイエットをする時に、「モチベーション」や「やる気」を基準にして行動を起こすのではなくて、それらをいったん脇に置くのです。

では、**何をきっかけにして行動を起こせばいいの？と思う人もいるかもしれませんが、それは「ルーティン」をつくることです。**自分の中で小さな決まりごとを設け、それを行動のきっかけにするということです。

僕たちの、わかりやすい例を出しますね。

例えば、まめの場合は家で仕事をすることができません。場所の問題なのかもと考え、引っ越しをしても、仕事が手につかない状況は変わりませんでした。

実は昔から家で勉強や作業をするのが、苦手なタイプ。家にいるとすぐに集中力が切れ、携帯を触ったり、ＹｏｕＴｕｂｅを見たり。そんなことを繰り返してしま

います。
そうすると作業の進捗計画が崩れてしまい、次第に自分に嫌気が差して、どんどん自己肯定感が下がります。

それに気がついた僕は、「行動そのもの」を変えることにしました。
「朝7時になったら、パソコンを持って近所のカフェに直行する」。とにかくこれだけを決めました。天気が良くなくても、眠くて仕方なくても、これを必ずやります。

もちろん、やる気やモチベーションが低くても、カフェに行きます。何も考えず、朝の7時が来たらパソコンを手に持ち、カフェに行く。それをひたすら、習慣化するまでやる。

習慣化すれば、**意識することなく行動に移せますから、余計なエネルギーをかけることも、自分が思い通りにできなくてイライラすることもなくなります。これを決めてできるようになったことで、僕は余計なことを考えることなく、やる**

べきことをこなせるようになりました。

一方たまの場合は、自宅で仕事をすることが苦にならないタイプ。家で仕事をする時にダラダラしないよう、ちょっとした工夫をしています。

それは、仕事をする部屋を無音状態にしないこと。音がないと集中できないので、必ず音楽をかけています。この時に選ぶのは洋楽やボーカルのないもの。J－POPを流してしまうと、歌詞に聴き入ってしまい、集中力を削ぐことになるからです。

ルーティン化することで行動を起こすまでのストレスを減らす

モチベーションの維持や、モチベーションを行動の源にするのは、どれだけ優秀な人でも苦労するはず。

人間の気分は波のようなもので、瞬時に姿を変えていくのが自然です。

モチベーションの維持ができない、やる気が出ないことは誰にでもあって、それができないのは誰かと比べて自分が劣っているとか、意志が弱いからというわけではありません。

まずは**自分が「何をすれば行動に移せるのか、作業がはかどるのか」を知りましょう。**それがわかった時点で、モチベーションと行動を切り離すことができます。ルーティンは、今すぐにできる簡単なことが良いですね。

筋トレであれば、朝ごはんを食べたら腹筋を5回、寝る前にスクワットを5回など。お気に入りの音楽を1曲聴いている間だけ筋トレをする、というのも効果があるかもしれません。

ルーティン化できれば、やって当たり前、やらないと気持ちが悪いというレベルに達しますから、モチベーションや気分、やる気に振り回されることがありません。安定して努力し続けることができますので、ぜひルーティン化を目指してください！

迷っている暇はない。今すぐやれ！

僕たちも「あなた」と同じだった。だから迷うことはない

さて、ここで質問したいことがあります。あなたはどうして、この本を手に取り、ここまでページを読み進めてくれたのでしょうか。

「単に興味があっただけ」という人もいるかもしれませんが、「もっとモテたい」「体を変えたい」「自分を変えたい」など、そんな気持ちがあるからではありませんか？　多くの人は、コンプレックスから筋トレを始めると僕たちは考えています。僕たち2人もそうでしたから。

つまり、**スタート地点は誰もが同じ。しかし、望む結果を手に入れられる人は**

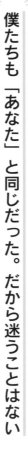

ごくごくわずかです。自分を変え、人生を変えられるかどうかは、「やるか、やらないか」に尽きます。

もう本当にここだけです。どんなに素晴らしい本を読んでも、動画を見て知識を学んでも、モチベーションを上げたとしても、行動しないなら同じ。現実が変わることはありません。

自分を変えてくれるのは、たった一つ、あなたが起こす「行動」だけです。

つまり、本気で変わりたいと思うのなら、本気で努力をするしかない。自分を客観的によく観察し、自分の欠点を受け入れて、そんな自分を行動させるにはどうすればいいかを考え、できることから着実に行動に移す。

そうやって少しずつでも動いていくことが、最初の一歩。目標を立てるだけでは、スタート地点にすら立っていないと思ってください。

僕たちには、ずば抜けた能力も才能もありません。きわめて意志が強いわけでもありません。だから数え切れないぐらい挫折を繰り返してきました。

でも、あれほどガリガリだった僕たちがこうして今筋トレの情報を発信しているのは、行動を起こし、それを継続する努力をしてきたから。もし僕たちが誰よりも知識を得て、モチベーションを上げ続けたとしても、動かなければ何も変わりませんでした。

本気で変わりたいのなら、本気で痩せたいと願うのなら、今から1秒でも早く筋トレに取りかかり、どうすれば継続できるかを考え、行動に移しましょう。それが人生を最も早く変える鍵です。

「迷ったら、やる」。これは常に僕たちが自分自身に言い聞かせている言葉です。迷っても迷わなくても、とにかく「やる」。

挑戦し続けることとは、必ず自分にとってプラスになります。誰に何を言われても自分が成功すると信じ抜きましょう！　**継続が苦手なのは、みんな同じです。だからこそ工夫してクリアを重ね、望む体を手に入れましょう。**

本書を手に取ってくれた人が、1人でも多く望む体を手に入れ、望む自分になり、そして、望む人生を歩んでほしい。僕たちは心からそう願っています。

コラム3

まめたま流　プロテインの選び方

糖質制限ブームもあり、タンパク質を効率よく摂取できるプロテインは、あっという間に知られるようになりました。プロテインを飲めば筋肉がつき、体が大きくなるというイメージを持つ人は多いですが、プロテインはあくまでも栄養補助食品。ダイエットや美容に一定の効果をもたらしてはくれますが、プロテインを飲むだけで「痩せる、筋肉がつく」ということはありません。筋肉はトレーニングで作るもの。プロテインをせっせと摂取しても、筋トレをしないなら体は変わりません。

数年前までは専門店などでしか購入できませんでしたが、今ではコンビニやスーパーでも気軽に買えるようになりました。これだけ広まった分、種類が多過ぎて、どれを選べば良いかわからないというお悩みをよく聞きます。僕たちもさまざまな

コラム3

プロテインを試してきたのですが、プロテインの効果を引き出すには、プロテインの「選び方」がとても重要になると実感しています。ここからは、僕たちの考える「プロテインの選び方」について紹介します。

その1 プロテインは、価格と味で選べ

商品化されているプロテインは、どれも本当に優秀です。成分的に良くないプロテインは、あったとしてもごくごく一部。これだけフィットネス文化が発達した今、それを見つけるほうが難しいかもしれません。それほどに各メーカーが研究を重ね、ニーズに合った効果を発揮するものが、商品として流通しています。

となると、どれを選んでもいいということになりますが、プロテインも筋トレと同じで、継続しなければその効果は得られません。**つまり、自分が飲み続けられるプロテインを探すことが重要だということ。**安心して継続できる味と価格のものを見つけられるかどうかが鍵を握ります。

継続して使うとなると、気になるのはコスパでしょう。プロテインの価格帯で多いのは、３０００〜５０００円。量にもよりますが、それくらいが目安になるはず。安いほうを選ぶ人が圧倒的に多いですが、意識してほしいのがプロテインの味。味が合わないと、継続することはかなり難しいです。自分がおいしくないと思うプロテインをひたすら飲み続けるのは、苦行です。とくに筋トレが習慣化していない人や初心者には無理でしょう。

プロテインは、成分や有名ブランドかどうかではなく、自分の好みの味と買い続けられる価格で選んでください！

好きな味でないと続かないですし、美味しくても高くて買い続けられないと結局長続きしません。本書で何度も伝えていますが、継続することが何よりも重要ですから。価格と味が自分にとってちょうど良いもの。

それが、あなたに最適の効果をもたらすプロテインです。

その2

まずサンプルなどの少ない量で買って、大量買いするべき

味で選べと言われても、どれが本当においしいのか、自分に合うのかわからないですよね？　そこで、自分にとって効果のあるプロテインを見つけるには、サンプルや少量のプロテインを試すのがおすすめです。

昔、僕らが筋トレを始めた時によくあったのですが、とりあえず1kgを買って飲んでみたものの、自分の口に合わず鼻をつまんで無理やり飲む……、なんて苦い経験もありました。

なのでまずは少ない量で味を確かめ、気に入ったら大きいサイズに移行しましょう。プロテインを選ぶ際に、ネットの口コミやレビューを参考にする人は多いと思いますが、味の好みは人によってバラバラ。レビューの評価が高いからと言って、自分の好みに合うかどうかは飲んでみないとわかりません。

最初はサンプルや少量のプロテインから始めてみましょう！

その3

体を変えたければプロテインの1杯はケチるな

プロテインは、1回あたりの摂取目安量がメーカーにより定められています。規定量以上を飲むと太るので、規定量を超えて飲む人はいないと思いますが、規定量よりも少ない量で飲んでいる人はいるかもしれません。金銭的に厳しかった僕らの学生時代もそうだったのですが、節約するために規定量の半分にしたりと意識的に1回あたりの量を減らしていないですか？

しかし、これはあまりおすすめではありません。せっかく筋トレをして必要なタンパク質を摂るべきタイミングなのに、それを少なくしてしまったら効果が半減してしまうかもしれません。

プロテインに限らず、**規定量がある場合は、それを守って初めて効果が出る**ことを改めて意識しましょう。体を変えたいのであれば、プロテインをケチらず、規定量や回数を守って飲むようにしてください！

まめたま

――それから僕は来る日も来る日も筋トレを続けた
ゴゴゴ
ゴ…
気が付くとダルダルの身体は引き締まり
チェックお願いします
うん、いいね！この調子で頼むよ！
仕事も集中できるようになった
そして…
芋岡くん！
なんと初めての彼女もできた…！
ごめんね待った～？
しかし気づけば――
まめたまさんとポム・デ・トールは僕の前に現れなくなっていた……

最初は どうなることかと 思ってたけど
上半身裸だし 暑苦しいし
なんだかんだ 楽しかったな…
!
ヒラ…
ある朝彼らが残していった プロテインを飲み切ると 一枚の紙きれが見つかった
……!!
おはよう 新しい僕
すべてを悟った僕は 悲しみから逃げるように 来る日も来る日も 筋トレを続け…
その結果……
(※:ポテト)
ムキ
胸筋 キツイな…
ビリッ…♥
ムキィッ!?
理想のボディラインを 手に入れた

それだけじゃない
かつてのあの3人と
同じように
なんと時空を
超えられるように
なっていたのだ!
あっ
ポテトさん!!
お久《ひさ》でーす!
〜再会〜
かつての僕を
救いに行こう……!
こそっ
やってられっか
こんちきしょー!!
お困りの
ようですね
だ…誰!?
まめです
たまッス
こそっ
ポテチさん
これ…
マスクっす
スッ
…ウス

ぐぉー…
はっ
あの人たち一体
なんだったんだろ…
ムキ
ムキ
夢…？
にしては
なんかリアルだった
よーな
疲れてる
のか…？
なんだあれ…
プロテイン？
プロテイン
バニラ味
メッセージが
あるぞ
おはよう、
新しい僕。
次は君の番だ！

おわりに

まずここまで読んでいただきありがとうございました。「筋トレやってみよう！」「自分も自信をつけたい！」、そんな感情は湧き上がってきましたか？

今から約4年前、仕事が終わって友達と飲んだ帰り道に「自分の人生本当にこのままでいいのか…？」そう漠然と将来に不安を抱きながら帰宅したのを今でも鮮明に覚えています。

僕らは筋トレがきっかけで人生が一変しました。決して元から有能なタイプでも頭が良かったわけでもなく、ごくごく普通の人間です。でもそんな僕らでも、今少しずつ見える景色が変わってきているのは　間違いなく「自分の心に真正面から向き合い、行動し続けたから」です。

生きていると辛いことはたくさんあります。社会に出たら人間関係のストレスや嫌でも他人と比較される環境、将来やお金の不安など、あげたらキリがないほど誰しも不安を抱えて生きていると思います。そんな生きづらい世の中でも、少しでも楽しく幸せに生きる方法は、本書でも何度も紹介した「自信を持つこと」「自己肯定感を高めること」だと思います。

ただ、一気には変えられません。とりあえず腹筋1回だけから始めてみましょう。そしてそれを毎日続けていけば、腹筋がつくだけじゃなく、続けている自分を好きになるはずです。そして自分を好きになれば、人生が前向きになり行動力も上がる。その結果、心身ともに変わり、自信に満ち溢れた別人のような自分になっていると思います。

最後に本の出版の機会を下さった編集長の伊藤さん、何もわからないとこから丁寧に教えて下さった編集担当の五十嵐さん、他にも出版に携わっていただいたスタッフさん、そしていつも見てくれる視聴者さん、本当にありがとうございました。僕らだけでは到底完成できなかったので本当に感謝しています。

これからも筋トレを通じて、人生を変える人を増やすべく邁進していきます！

筋トレは自分を変える最高の自己投資です。さあ今日から筋トレしましょう!!!

まめたま
登録者数50万人超の『まめたまの筋トレ日記』の筋トレコンビYouTuber。「昨日よりかっこいい自分へ！」をテーマに、筋トレ、ダイエット、ライフスタイルなどの情報を発信。ガリガリで自分に自信がなかった2人が、筋トレを通じて人生が一変。早稲田大学卒業後、3年間の会社員生活を経て2人で起業。現在はインフルエンサーとしての発信に加え、アパレル販売やダイエットメニューをコンセプトにした飲食店のプロデュースなども手掛けている。どんな人でも無理なく楽しく体を変える人を増やすべく、日本一を目指して走り続けている2人組。

おはよう、新《あたら》しい朝《あさ》、新《あたら》しい僕《ぼく》、新《あたら》しい筋肉《きんにく》。

2023年11月29日　初版発行

著者／まめたま

発行者／山下　直久

発行／株式会社KADOKAWA
〒102-8177　東京都千代田区富士見2-13-3
電話 0570-002-301（ナビダイヤル）

印刷所／大日本印刷株式会社

製本所／大日本印刷株式会社

本書の無断複製（コピー、スキャン、デジタル化等）並びに
無断複製物の譲渡及び配信は、著作権法上での例外を除き禁じられています。
また、本書を代行業者などの第三者に依頼して複製する行為は、
たとえ個人や家庭内での利用であっても一切認められておりません。

●お問い合わせ
https://www.kadokawa.co.jp/（「お問い合わせ」へお進みください）
※内容によっては、お答えできない場合があります。
※サポートは日本国内のみとさせていただきます。
※Japanese text only

定価はカバーに表示してあります。

©Mametama 2023 Printed in Japan
ISBN 978-4-04-606474-5　C0030